A Detailed Visual Guide of
Costumes and Folk Customs
Around the World

800張版畫一覽中古歐洲與近代世界風貌

民族服飾風俗史

中古歐洲與近代世界版畫全覽

大津樹 編

楓書坊

目錄
CONTENTS

FOREWORD

This volume contains more than 800 historical illustrations depicting clothing and dressing customs of the various peoples of the world. The finely detained pictorial representations were published in the West in the 19th century as an Iconographic Encyclopedia, making liberal use of the highest quality copperplate engraving methods of the time. The illustrations are both scholarly accurate and easy to understand, so even in the present day they are rated highly.

Chapter I collects the clothing and dressing customs of Europe, from the ancient period through the medieval period to the modern period, including genres from the nobility, the military, and the clergy to those of common people.

Chapter II is an encyclopedia created in the 19th century that deals with Africa, the Middle East, the Caucasus, India, China, and Japan from ancient times through modern times, and also includes America and Oceania.

Roman dining〔History; 16〕 古代羅馬的餐飲場景

前言

本書收錄了800多幅與世界民族服飾風俗有關的歷史版畫。這些精緻的版畫來自19世紀歐美出版的《ICONOGRAPHIC ENCYCLOPEDIA 「圖解百科事典」》(J. G. Heck著)，運用了當時的最高技術——銅版印刷，其學術性和易懂性至今仍受到高度評價。此外，這些插畫生動地展現了工業革命以來印刷技術的發展，其精確與細膩的描繪幾可勝過當今。

本書涵蓋了歷史、地理、民族學、藝術、博物學、科學技術等多項領域，不僅呈現了人們的服飾風格，還涵蓋了他們的風俗習慣。我對這些圖像進行了整理和重新編排，以便讀者更輕鬆地理解和應用。

第一章集結了西方(歐洲)的服飾風俗，涵蓋古代、中世紀至近代的各領域與階層，包括貴族、士兵、神職人員和平民百姓的服飾。這些版畫為歐洲人(可能是德國)製作，資訊準確且涵蓋範圍廣泛。

第二章則收錄了非洲、中東、高加索、印度、中國和日本地區古代至近代的服飾風俗，以及19世紀美洲和大洋洲的文化資料，這些都是在《百科事典》編纂時的資料。19世紀民族學(人類學)領域正處於蓬勃發展的階段，從此足以見本書充分運用了當時的學術知識。

「時尚」一詞泛指「流行趨勢」，但一般都會以狹義的定義「服飾潮流」作為解釋。透過本書中的肖像和風俗插畫，我們可以看到約170年前的歐美人士也對時尚抱持著濃厚的興趣。

此外，關於插畫的英文解釋盡量保持了原作內容，有些可能是當初誤植的內容也保留了下來。雖然幾乎為直譯，但與現在知識不符等有問題之處以及一些專門術語，會於括號中簡單註記並解釋。有些名詞可能涉及神話、特定族群或宗教組織等專有名詞而難以完全翻譯或譯名眾多，特此說明。

一、歐洲的服裝和風俗

本章將針對歐洲的服裝和風俗，按時期、類型進行劃分。

神話時代：希臘、羅馬、北歐、斯拉夫、凱爾特的神祇。

古希臘和古羅馬：古希臘人、古羅馬人的服裝和風俗。

古代軍隊：聚焦於羅馬時期，古代將領和士兵的戰鬥服裝和風俗。

古代到中世紀的王公貴族和平民：4～15世紀各民族的服裝和風俗。

中世紀的騎士和十字軍：騎士穿著的頭盔和盔甲、十字軍的服裝和風俗。

基督教世界：僧侶、修女、主教和騎士團的服裝和風俗。

近代歐洲軍隊：世界強權的陸、海軍軍裝。

19世紀的民眾：工業革命以來普通人的服裝和風俗。

I. European Clothing and Dressing Customs

This chapter divides the clothing and dressing customs of Europe by periods and genres.

The Mythical Age The gods of Greece, Rome, Scandinavia, Slavs and Celts.

Ancient Greece and Rome Greek and Roman clothing and dressing customs.

Ancient Militaries Focusing on the Roman period, ancient generals and soldiers' battle uniforms and dressing customs.

Ancient to Medieval Period Royalty, Nobility, and Common People Various peoples' clothing and dressing customs from the 4th through the 15th centuries.

Medieval Knights and Crusaders Knights wearing helmets and armor, and Crusaders' clothing and dressing customs.

Modern European Military Forces Military uniforms of modernized world powers' armies and navies.

The Christian World Clothing and dressing customs of monks, nuns, bishops, and Crusaders.

Common People of the 19th century Clothing and dressing customs of common people from the Industrial Revolution onward.

太陽神阿波羅和季節女神芙蘿拉 *Apollo and the Hours [Mythology; 26]*

神話時代 *The Mythical Age*

6. 花與春的女神芙蘿拉 *Flora*
14. 酒神巴克斯的祭司 *Priest of Bacchus*
15. 豐收女神克瑞斯的女祭司 *Priestess of Ceres*
16-17. 希臘女祭司和祭司 *Grecian priest and priestess*
5. 九位繆思女神之一的文學女神厄刺托 *The muse Erato*
9. 水泉仙女那伊阿得斯 *A naiad*
3. 智慧、藝術和戰爭女神雅典娜 *Pallas Atene*
18. 希臘女祭司 *Grecian priestess*
8. 命運女神福圖納 *Fortuna*

[Mythology; 19]

希臘、羅馬神話

The Mythical Age: Greek and Roman Myths

1. 九位繆思女神 *The nine Muses*
7. 塔利亞 *The muse Thalia* 司管喜劇與牧歌，象徵物：面具、牧杖或鈴鼓
6a.b 烏拉尼亞 *The muse Urania* 司管天文學與占星學，象徵物：天球儀與圓規
4. 波麗海姆妮亞 *The muse Polyhymnia* 司管頌歌與修辭學、幾何學
2. 卡利俄佩 *The muse Calliope* 司管英雄史詩，象徵物：鐵筆與蠟板

[Mythology; 26]

8. 季節女神們荷賴之舞 *The dancing Hours*

[Fine Arts; 3]

5 4 2

1 3 6

7

14

15

5. 處女女神維斯塔 *Vestal virgin*
4. 朱比特的祭司 *Priest of Jupiter*
2. 羅馬占卜師 *Roman augur*
1. 羅馬大祭司 *Roman pontifex maximus*
3. 西卜林書的守護者 *Guardian of the Sybiline books*
6. 祭品執事 *Victimarius*

7. 獻豬、公羊、公牛的祭祀儀式 *The Suovetaurilia*
14. 卡律布狄斯 *Charybdis*
15. 斯庫拉 *Scylla*

[Mythology; 30]

北歐、斯拉夫、凱爾特神話

The Mythical Age: Scandinavian, Slavic, and Celtic Myths

2 3

6

14

1

5

7

2. 布拉基 *Braga*
3. 伊登 *Idunna*
6. 世界之樹和諾恩三女神 *Yggdrasil Tree and the Norns*
14. 那瑟斯或是赫爾 *Nirthus or Hertha*

1. 弗麗嘉 *Frigga*
5. 海姆達爾 *Heimdall*
7. 女武神瓦爾基麗 *The Valkyr*

[Mythology; 12]

2. 雷神索爾 *Thor the thunder*
24, 25. 凱爾特祭司德魯伊 *Druid and Druidess*
4. 弗蕾亞和其女僕 *Freya with her maids*
6. 戰爭之神提爾 *Tyr, god of battle fields*
8. 第一批人類阿斯克和恩布拉 *Aske and Emia, the first human beings*
7. 神使赫爾莫德 *Hermode the messenger*

[Mythology; 13]

1. 至高神奧丁 *Odin the supreme*
5. 風神尼奧爾德 *Njord, god of battle winds*
23. 墨丘利、阿貝裡奧、兀兒肯努斯、克瑞斯和米娜瓦
Mercury, Abelio, Vulcan, Ceres and Minerva
3. 太陽神弗雷 *Freyr*

古希臘人、古羅馬人的服裝和風俗

Ancient Greek and Roman Clothing and Dressing Customs

8-9. 女人 *Women*
2a. 未婚女子 *Maidens*
14. 佛里幾亞人（土耳其古安納托利亞地區的人） *Phrygian*
10. 女人 *Women*
4. 紡紗工 *Spinner*
1. 未婚女子 *Maidens*
5. 歌手 *Singer*

[History; 7]

18. 詩人 *Poet*
11. 婦女 *Women*
19. 行政長官 *Prefect*
20. 指揮軍隊的將軍 *War-leader*
12. 婦女 *Women*
2b. 未婚女子 *Maidens*

[History; 7]

古希臘人、古羅馬人的服裝和風俗

Ancient Greek and Roman Clothing and Dressing Customs

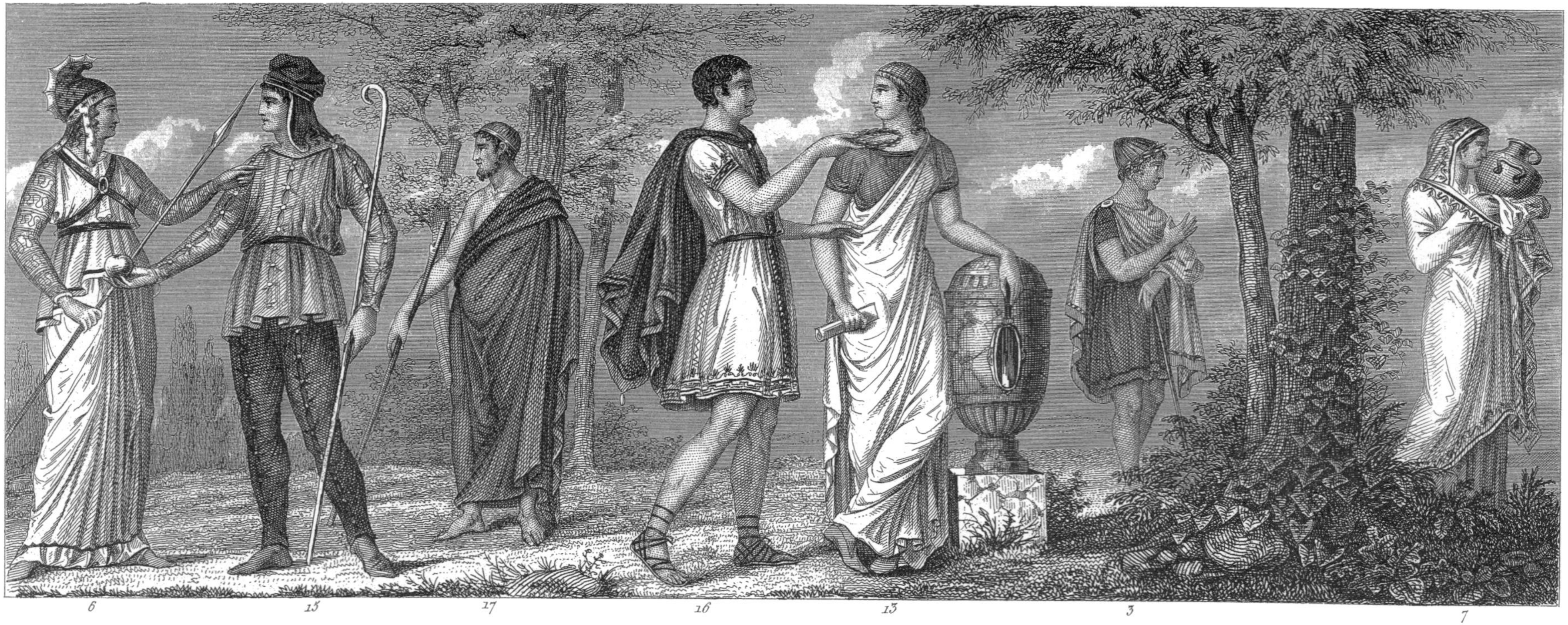

6. 亞馬遜女戰士 *Amazon*
15, 16. 希臘最高峰克里特島伊季山人 *Greeks from Mount Ida*
17. 哲學家 *Philosopher*
7, 13. 婦女 *Women*
3. 青年 *Youth*

[History; 7]

11. 青年 *Youth*
8. 哲學家 *Philosopher*
4, 5. 皇帝的妃子 *Empresses*
1, 3. 皇帝 *Emperors*
9. 侍從執法吏（刀斧手·執政官的護衛）
Lictor
7. 元老院議員 *Senators*
[History; 12]

古羅馬人的服裝和風俗

Ancient Roman Clothing and Dressing Customs

17-29. 女帽 *Female headgear*
30-32. 男帽 *Male headgear*
[History; 12]

13-16. 婦女 *Women*
6. 元老院議員 *Senators*
12. 青年 *Youth*
2. 皇帝 *Emperors*
10. 公民和其妻子 *Citizen and his wife*

[History; 12]

古希臘人、古羅馬人的服裝和風俗

Ancient Greek and Roman Clothing and Dressing Customs

1　　2

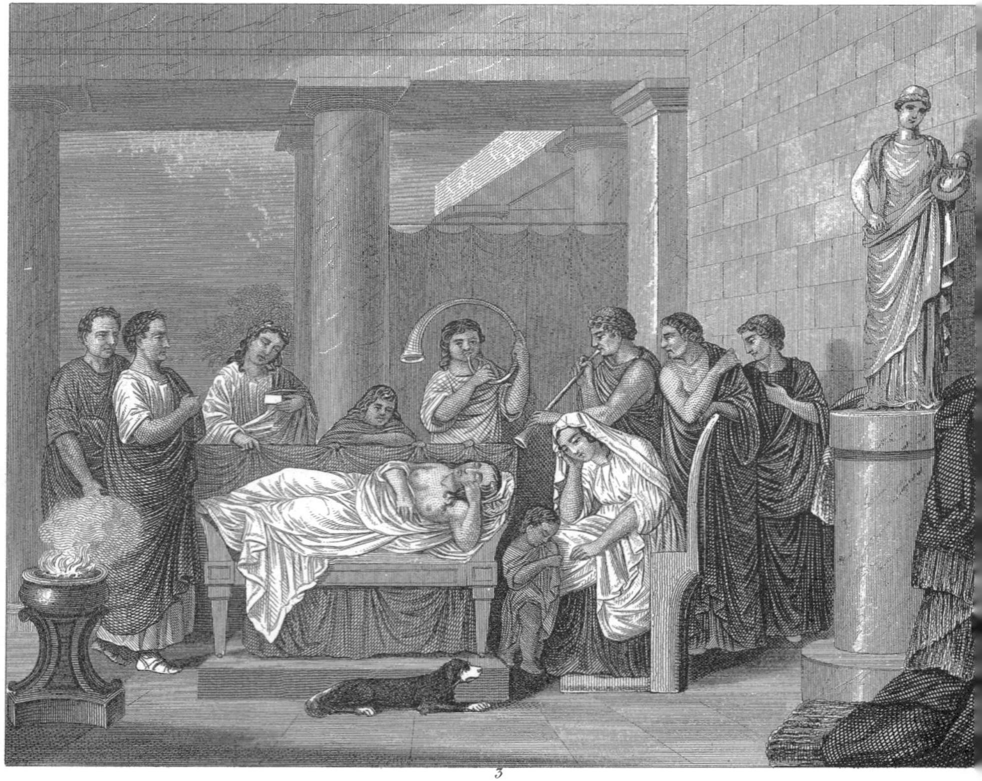

3

1. 希臘婚禮 *Ceremony at a Greek wedding*
2. 希臘舞者 *Greek dancer*
3. 羅馬葬禮 *Roman funeral ceremony*

[History; 8]

4

5

4. 希臘婚禮室內 *Interior of a Greek wedding*

5. 亞略巴古會議（位於古雅典） *The Areopagus*

[History; 8]

古希臘和伊特拉斯坎的軍隊

Ancient Greek and Etruscan Armies

10. 希臘之戰 *Grecian combat*
11. 希臘先鋒 *Grecian herald*
13. 希臘騎兵 *Grecian horseman*
4, 5, 8. 希臘步兵 *Grecian warriors on foot*
1. 希臘英雄 *Grecian hero*
2. 來自黑海的亞馬遜女戰士 *Amazon from the Black Sea*

[Military Sciences; 2]

16-18. 伊特拉斯坎（古義大利）士兵 *Etruscan soldiers*

15. 伊特拉斯坎吹角手 *Etruscan hornblower*

14. 伊特拉斯坎弓箭手 *Etruscan archer*

5-7. 希臘步兵 *Grecian warriors on foot*

13. 希臘騎兵 *Grecian horseman*

9. 希臘喇叭手 *Grecian trumpeter*

[Military Sciences; 2]

古希臘、古羅馬的軍隊

Ancient Greek and Roman Armies

1. 希臘葬禮饗宴 *Grecian funeral and death feast*
2. 羅馬的凱旋將軍和其軍隊 *Roman imperator and suite*

[Military Sciences; 5]

下一頁
3. 戰象 *The war-elephant in combat*
4. 戰車 *Armed chariot*

[Military Sciences; 5]

古羅馬軍隊

Ancient Roman Army

8. 羅馬喇叭手 *Roman trumpeter*
8. 羅馬吹角手 *Roman hornblower*
1-5. 義大利同盟 *Roman Italian allies*
6-7. 日耳曼同盟 *German allies*

[Military Sciences; 7]

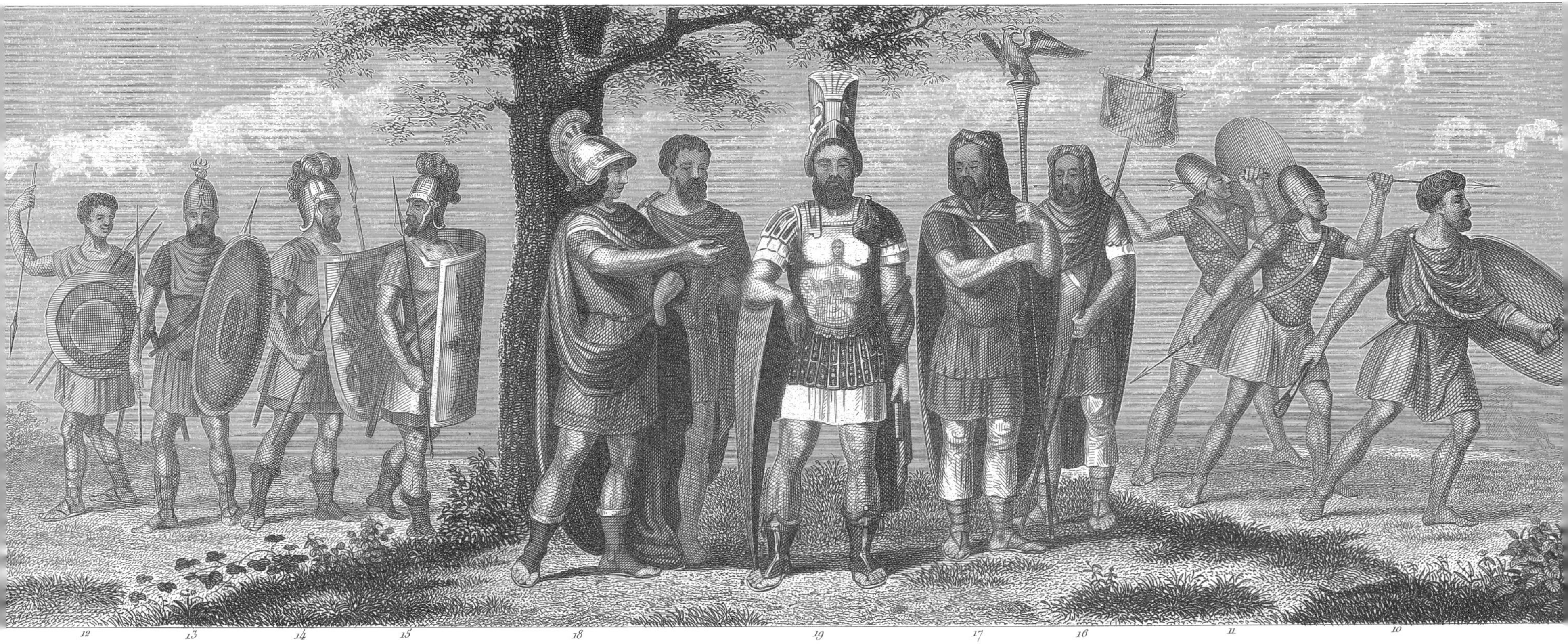

12. 少年兵（羅馬的輕裝步兵） *Velites*
13-19. 羅馬軍隊中的各種階級 *Various ranks in the Roman army*
10. 羅馬投石兵 *Roman slinger*
11. 羅馬長矛兵 *Roman lancers*
[Military Sciences; 7]

古羅馬的騎兵軍隊

Ancient Roman Cavalry

2. 羅馬將軍 *Roman general*
4. 凱旋將軍的隨扈 *The Imperator's body-guard*
1. 羅馬皇帝 *Roman lictor imperator*
3. 羅馬侍從執法吏 *Roman lictor*
5. 薩馬提亞（伊朗遊牧民族）鐵甲騎兵 *Sarmatian mailed horsemen*

[Military Sciences; 8]

8. 羅馬騎兵的十夫長 *Roman decurion of cavalry*
9. 羅馬騎兵 *Roman cavalry soldier*
6. 羅馬司令官 *Roman legate*
7. 羅馬旗手 *Roman standard-bearers*

[Military Sciences; 8]

古羅馬軍隊

Ancient Roman Army

1. 強迫戰俘通過軛門 *Roman prisoners passing under the yoke*
2. 勝利者向軍隊表示謝意 *Roman victor thanking the army*

下一頁
3-5 凱旋閱兵 *March of Triumph*

[Military Sciences; 11]

高盧地區的服裝和風俗

Gaulish Clothing and Dressing

1. 高盧（法國周邊地區）婦女 *Gallic women of the Roman time*

2-6. 浮雕人物 *Bas-relief from Gaul*

[History; 18]

5 6 38 7 1 4 2

8

5-6. 8世紀的女性雕像 *Statues of Females from the 8th century*

38. 維杜金德(日耳曼部落薩克森的領導人)雕像 *Stature of Wittekind*

7. 查理曼 *Charlemagne*

1, 2. 法蘭克國王克洛維一世和皇后克洛蒂爾德 *Clovis, king of the Franks, and his queen Clotilda*

4. 法蘭克國王希爾德貝特一世 *Childebert, king of the Franks*

8. 查理曼接受維杜金德的臣服 *Charlemagne receiving the submission of Wittekind*

[History; 22]

古代法國、德國的平民生活

Ancient French and German Common Folk Life

4-8. 高盧人民 *Gauls*

[History; 5]

2

1

3

2. 將嬰兒放入河水的日耳曼風俗儀式 *German infant plunged in the river*

1. 日耳曼住宅 *German dwelling*

3. 日耳曼婚禮 *German wedding*

[History; 5]

古代歐洲各民族的服裝和風俗

Ancient European Common Folk Clothing and Dressing Customs

7. 赫魯利人 *Herlian*
8. 古布立吞人（英國的英格蘭） *Britton*
3. 格皮德人（東日耳曼） *Gepido*
4. 汪達爾人（從日耳曼尼亞遷移至北非） *Vandal*
9. 法蘭克人（法國） *Frank*
1. 哥德人（東日耳曼） *Goth*
2. 斯維比人（瑞典） *Sueve*

[History; 20]

10ab. 匈人（匈牙利） *Hung*
16-18. 盎格魯撒克遜人（日耳曼） *Anglo-Saxon*
15. 盎格魯撒克遜首領 *Anglo-Saxon chieftain*
11-12. 皮克特人（英國的蘇格蘭） *Pict*

[History; 20]

古代歐洲各民族的服裝和風俗

Ancient European Common Folk Clothing and Dressing Customs

5. 馬科曼尼（日耳曼人部落聯盟） *Marcoman*
6. 夸迪人（日耳曼人部落聯盟） *Quade*
20. 丹麥勇士 *Danish warrior*
19. 丹麥國王 *Danish king*
21-23. 丹麥人 *Dane*
13-14. 皮克特人（英國的蘇格蘭） *Pict*

[History; 20]

1. 法蘭克女王克洛蒂爾德（公元6世紀） *Queen Clotilda (6th century)*
2. 陪侍女王、王妃的未婚女官 *Maid of honor*
15, 16. 法蘭克的國王、王后、王子和公主 *Frankish king, queen, prince, and princess*
5. 法蘭克國王克洛維一世 *King Clovis*
7-8. 在自宅的王子和公主 *Prince and Princess of his house*
4a. 法蘭克戰士 *Frankish warriors*
3. 法蘭克將領 *Frankish leader*

[History; 21]

中世紀法國、北歐的服裝和風俗

Medieval French and Norman Clothing and Dressing Customs

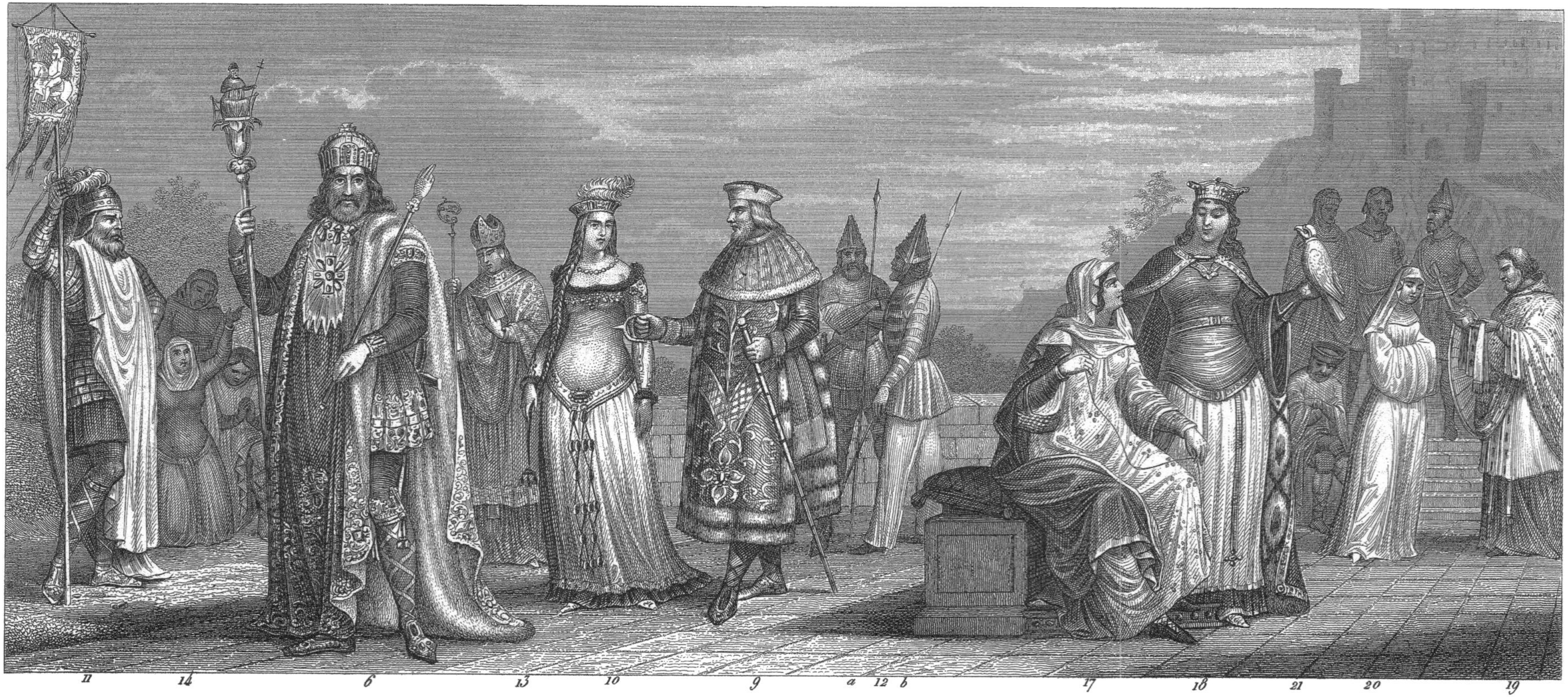

11. 查理曼時代的將領 *Leader under Charlemagne*
14. 平民 *Common people*
6. 查理曼 *Charlemagne*
13. 主教 *Bishop*
9-10. 貴族夫婦 *Noble and his wife*
12ab. 戰士 *Warriors*
17-18. 法蘭克女王與公主 *Frankish queen and princess*
21. 公民 *citizen*
19-20. 牧師和修女 *Prebendary and nun*

4b. 法蘭克戰士 *The Warriors of Frank*

25. 諾曼（斯堪地那維亞）貴族 *Norman nobles*

22-23. 諾曼的國王和王后 *Norman king and queen*

26. 諾曼貴族 *Norman nobles*

28. 諾曼農夫 *The Norman peasant*

24. 諾曼貴族 *Norman nobles*

27. 諾曼公民 *Norman citizen*

[History; 21]

中世紀法國的服裝和風俗

Medieval French Clothing and Dressing Customs

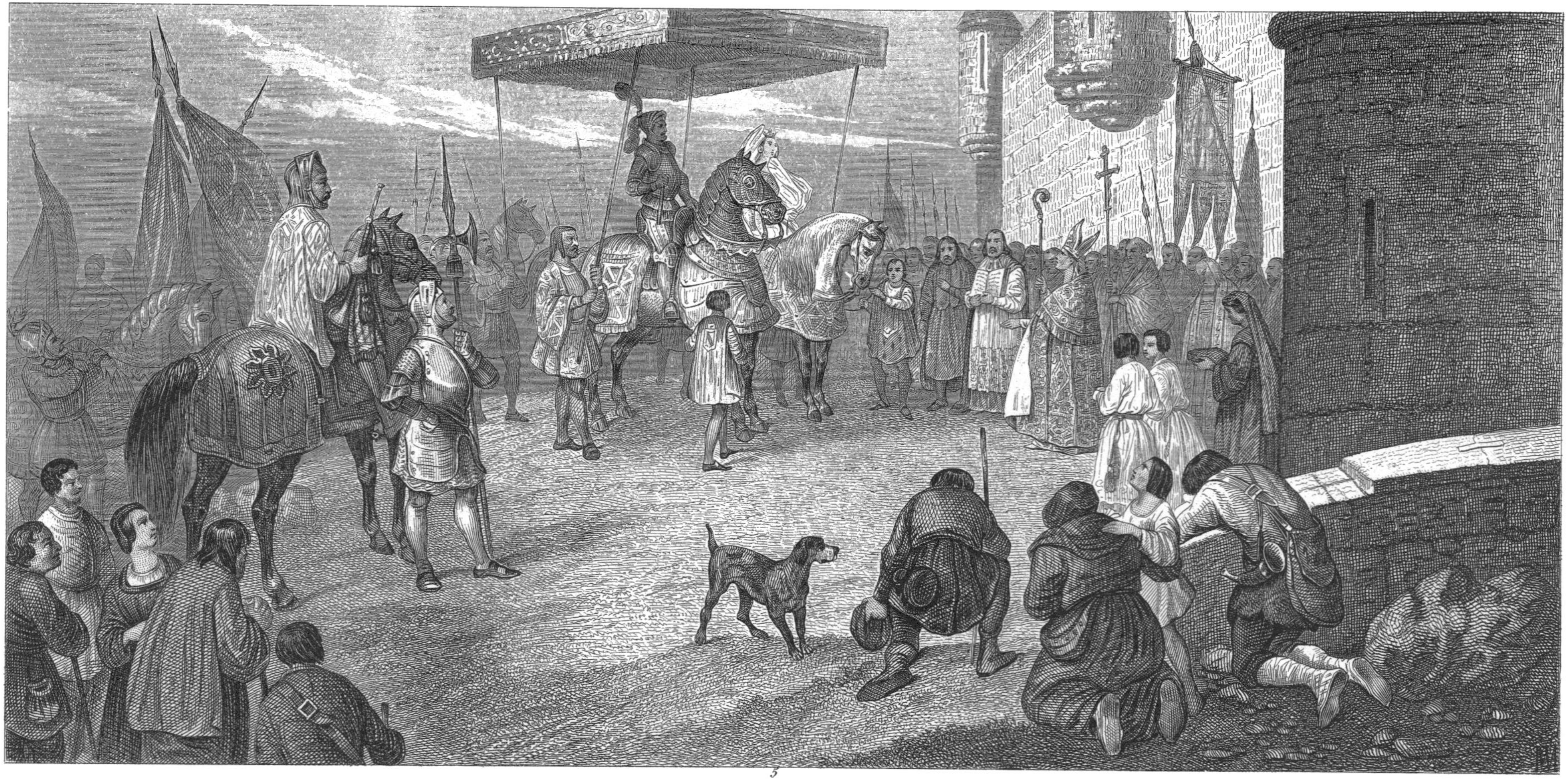

5

5. 向領主致敬 *Vassals paying homage to their liege lord*

下一頁

2. 運送身懷傷病的公主（13世紀） *Manner of transporting wounded or sick princess in the 13th century*
1. 國王遊歷（8世紀） *Travelling of Frankish kings in the 8th century*
3. 法蘭克國王聖路易在空地執行審判 *St. Louis administering justice in the open field*
4. 法蘭克王子受到神職人員懲罰（13世紀） *Clerical punishment of French prince in the 13th century*

[History; 23]

1

2

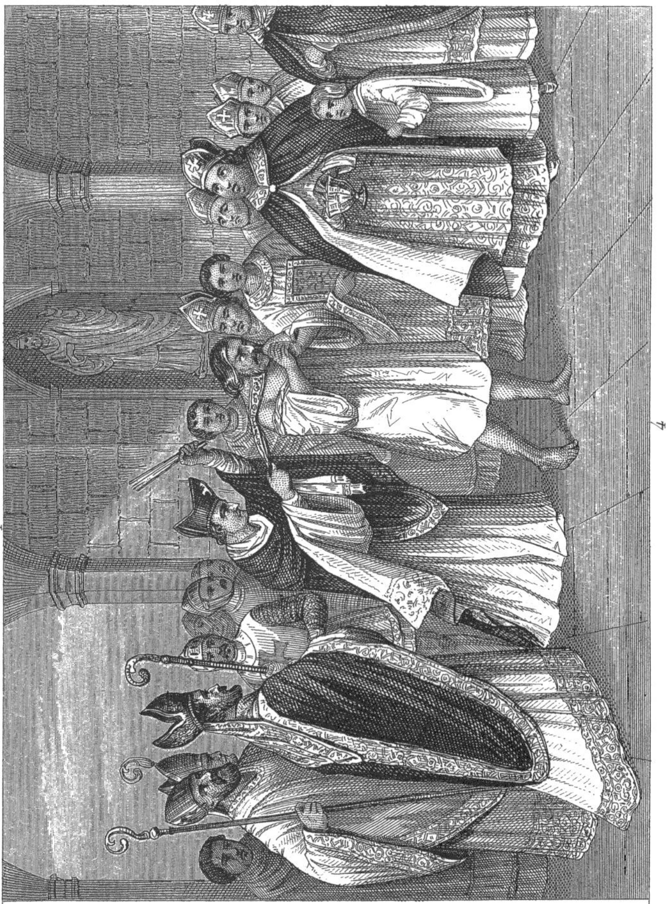

4

3

中世紀的騎士和貴族

Medieval Knights and Aristocrats

1

1. 年輕騎士的誓約儀式 *Young knight taking the solemn oath on the altar*

下一頁

2. 騎士的授銜儀式 *The ceremony of dubbing a knight*

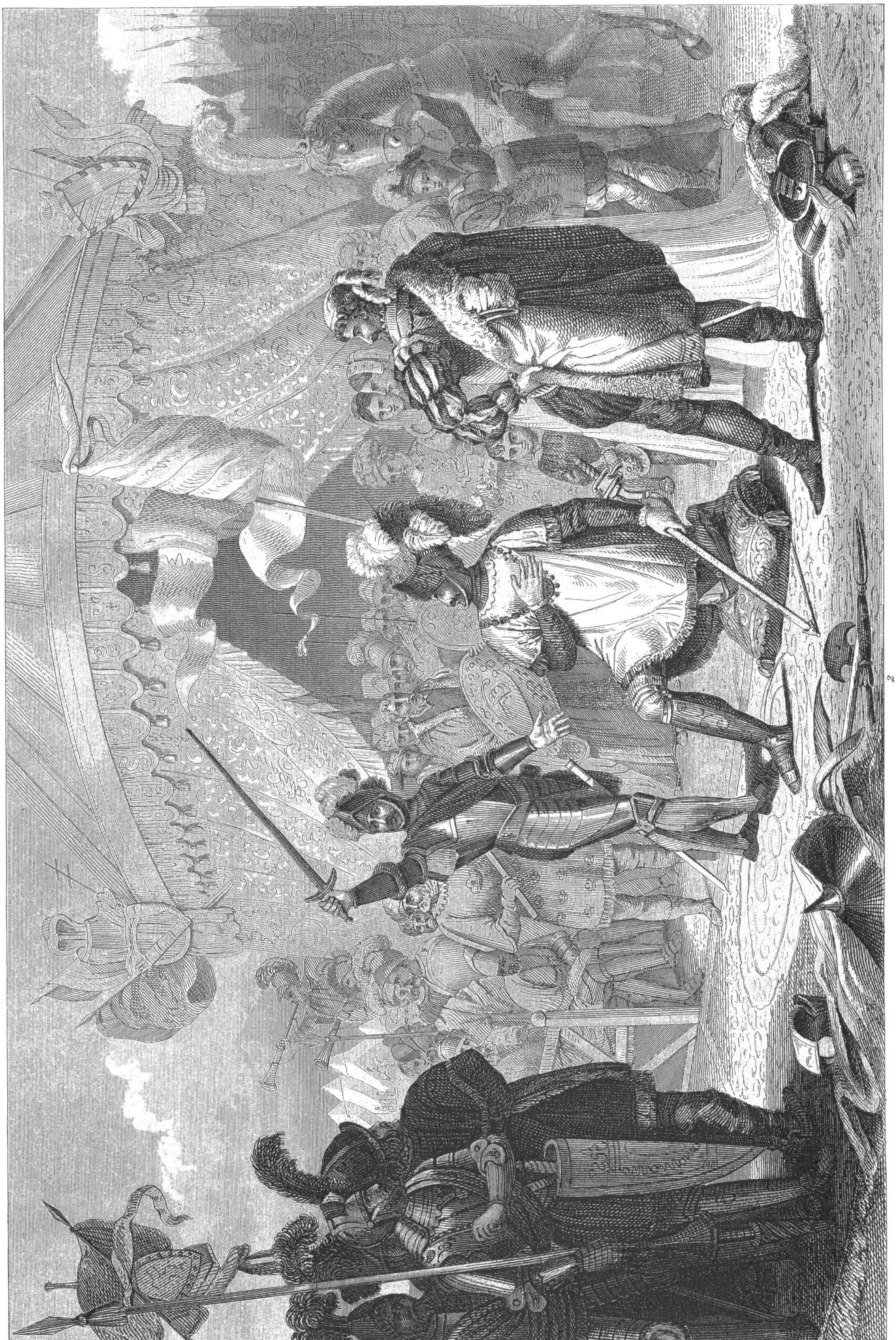

中世紀德國、英國的國王和騎士

Medieval German and English Kings and Knights

1. 身穿盔甲的馬西米連諾一世 *Full armor of Emperor Maximilia*
2. 身穿盔甲的亨利八世 *Full armor of King Henry VIII*
3. 英國騎士 *English knight*
4. 德國騎士 *German knights*
5. 騎士的侍從 *Squires*

[History; 24]

8   6   7   6   7

8. 騎士比武中的裁判 *Judge of the tournament*
6. 比武中的英國騎士 *English knights in tournament*
7. 比武前的德國騎士*German knights before a tournament*

[History; 24]

中世紀騎士的山地競技

Medieval Knights and Mounted Tournaments

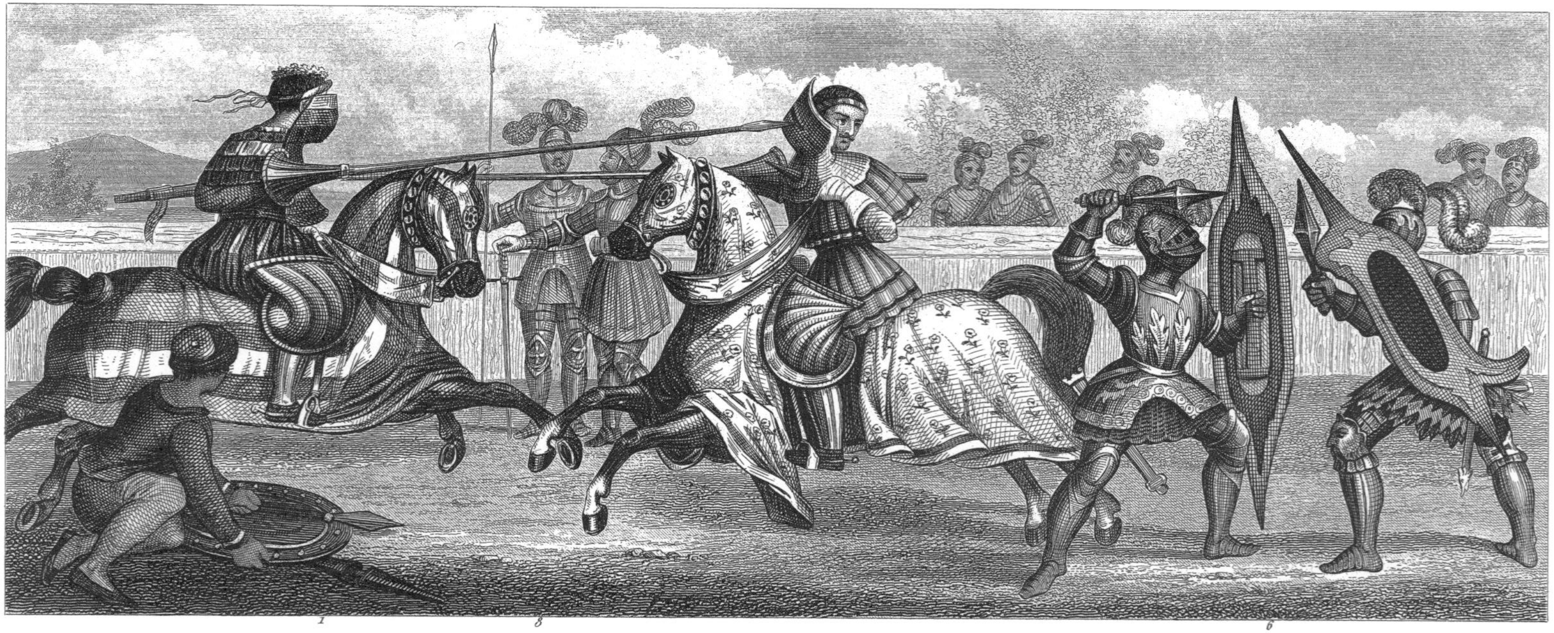

1. 長矛比武（德國） *Joust with lances in Germany*
8. 侍從持劍宣誓 *Squire taking the oath of knighthood on the sword*
6. 以槍尖進行戰鬥 *Combat with lance points*

下一頁
3. 馬上鎚矛爭鬥（法國） *Combat with maces in France*
7. 騎馬取得鐵環 *Carrying the rings in the carrousel*
4. 持盾牌決鬥 *Judicial combat with shields*

2. 馬上長矛比試 *Judicial combat*
5. 用劍戰鬥 *Combat with swords*

[History; 25]

中世紀騎士的裝備

Medieval Knights Armaments

9 10 7 8

7-10. 馬上比試的裝備和武器 *Tourney equipment*

[Military Sciences; 17]

下一頁

1-10. 各軍隊的高級軍官 *Different dignitaries of the war-ban*

[Military Sciences; 18]

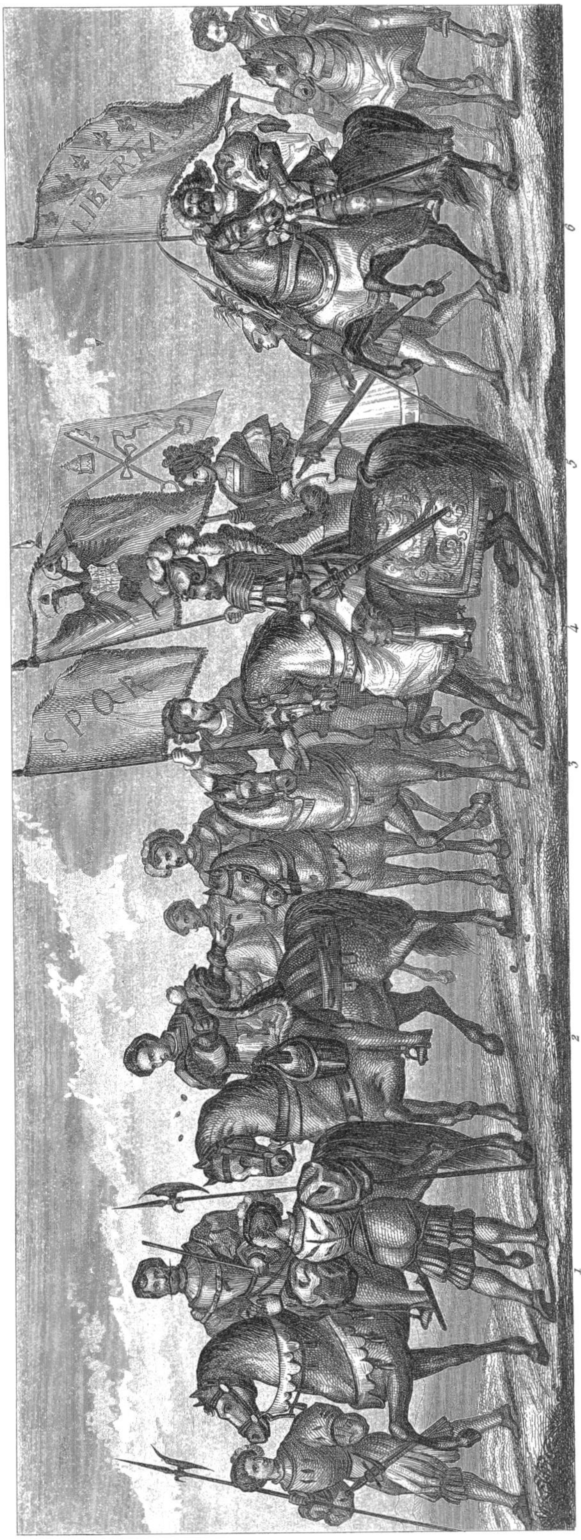

1 2 3 4 5 6

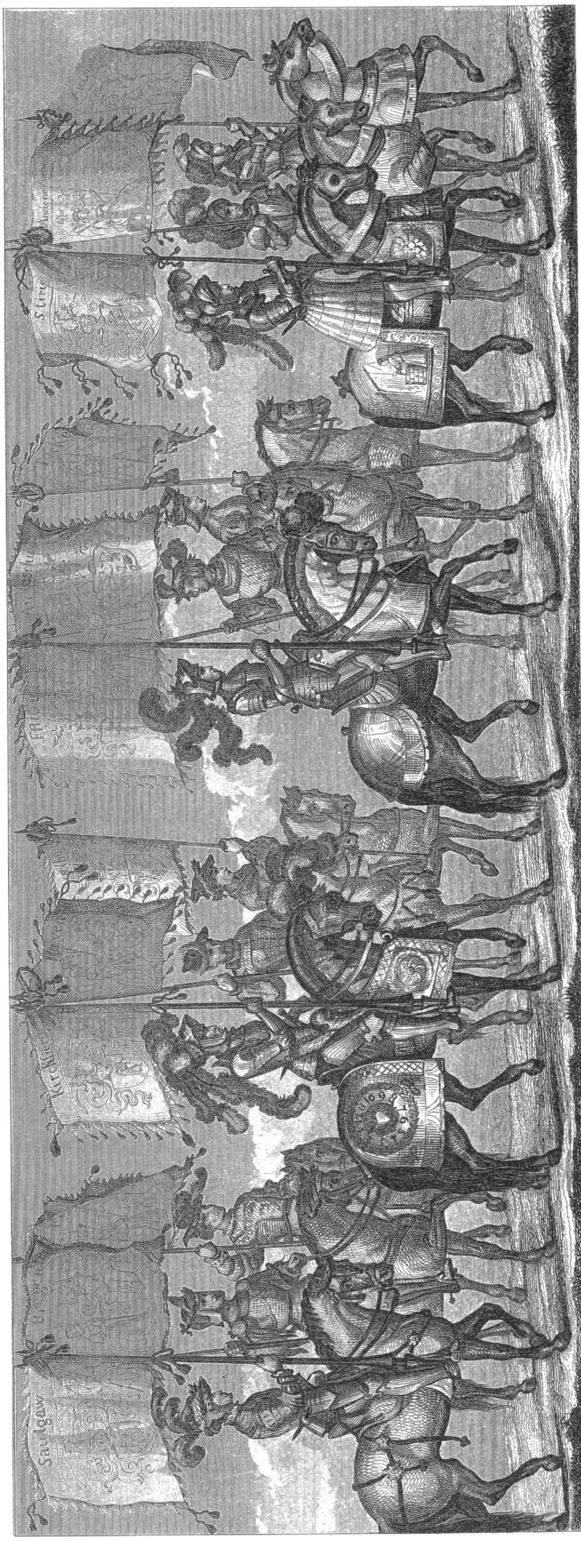

7 8 9 10

中世紀的騎士和十字軍

Medieval Knights and Crusaders

2

2. 將前往巴勒斯坦的十字軍 *Department of crusaders for Palestine*

[History; 36]

2

2. 十字軍在耶路撒冷城牆前的演講 *Harangue to crusaders before the walls of Jerusalem*

[History; 37]

中世紀的騎士和十字軍
Medieval Knights and Crusaders

1. 從巴勒斯坦返回的十字軍 *Return of crusaders from Palestine*

[History; 38]

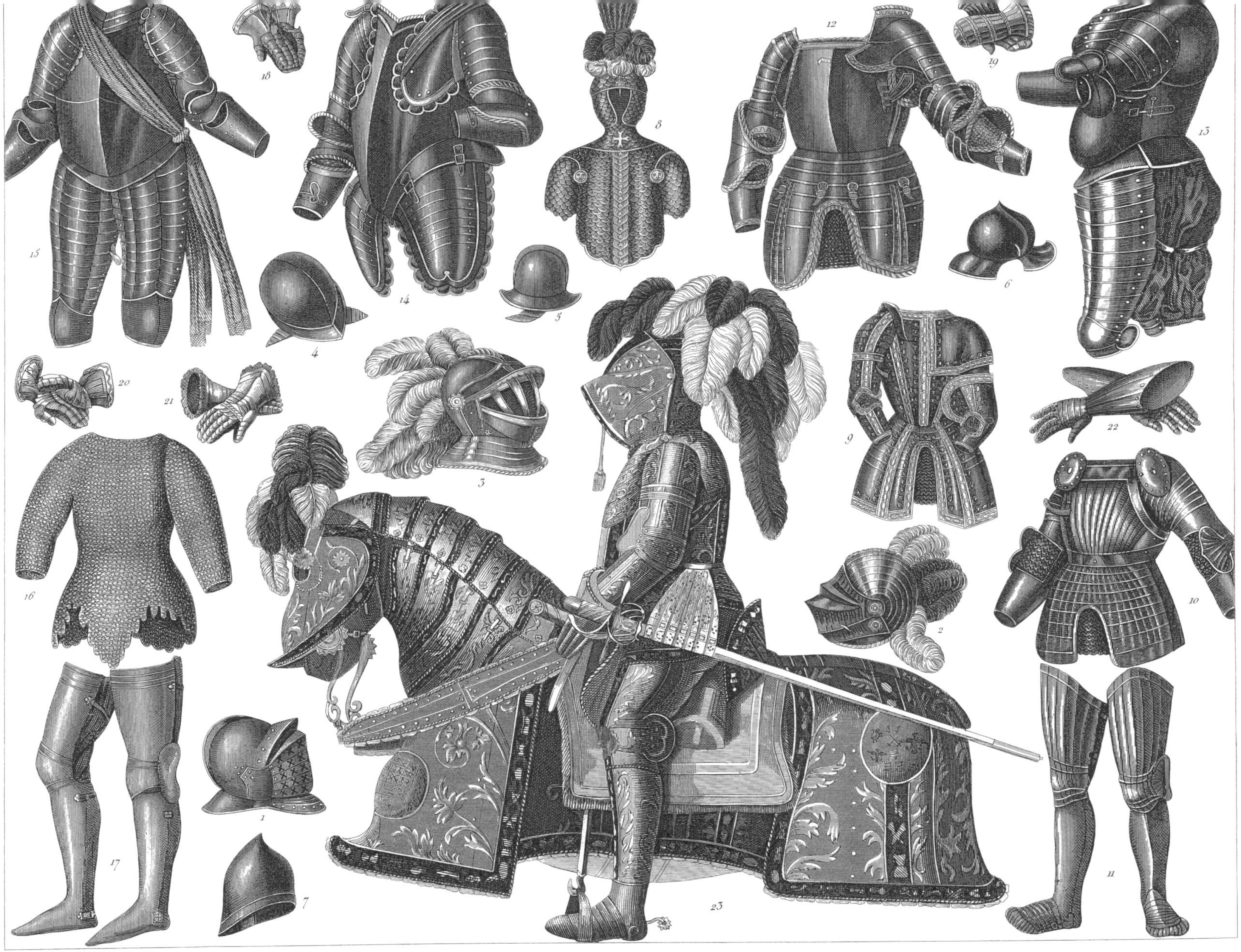

中世紀護甲
Armor of the middle age
〔*Military Sciences; 16*〕

修士和修女

The Christian World: Monks and Nuns

17. 加爾默羅會修女 *Carmelite nun*
25. 西爾韋斯特修士 *Sylvestrine monk*
19. 卡馬爾多利會修士 *Calmalduensian monk*
22. 卡普欣修士 *Capuchin monks*
20. 華隆布羅修士 *Valombrose monk*
24. 克拉拉修女 *Nun of Clarissa*
21. 貝爾納丁修女 *Bernardine nun*
18. 加爾都西會修女 *Carthusian nun*
23. 卡普欣修士 *Capuchin monk*

[History; 32]

10. 本篤會修士 *Benedictine monk*
8. 波蘭希臘東正教修士 *Greek monk in Poland*
13. 奧古斯丁修女 *Augustinian Nuns*
6. 亞美尼亞修士 *Armenian monk*
26. 道明會修士 *Dominican monk*
15. 拉特朗會的大聖堂受俸牧師 *Prebendary of the Congregation of the Lateran*
9. 雅各布修士 *Jacobite monk*
16. 加爾默羅會修士 *Barefoot Carmelite monk*
11. 本篤會修女 *Benedictine nun*

[History; 32]

聖人、主教、修士和修女

The Christian World: Saints, Bishops, Monks and Nuns

27. 道明會修女 *Dominican nun*
14. 奧古斯丁修女 *Augustin nun*
12. 豐特夫羅修道院的修女 *Nun of Fontevrault*
7. 聖巴西爾 *St. Basil*
1. 聖奧古斯丁 *St. Augustin*
2. 聖安東尼 *St. Antony*
4. 馬龍尼教派修士 *Maronite monk*
3. 馬龍尼教派大主教 *Maronite patriarch*
5. 亞美尼亞大主教 *Armenian patriarch*

[History; 32]

3. 方濟各修士 *Franciscan monk*
1. 聖墓修士 *Monk of the Holy Sepulchre*
7. 聖雅各伯的醫院騎士團 *Hospital of St. Jacques du haut pas*
9. 安博羅修士 *Ambrosian monk*
2. 切萊斯丁修士 *Cœlestine monk*
10. 基督騎士團的修士 *Religious of the order of Jesus*
4. 烏爾蘇拉修女 *Ursuline nun*
11. 宣聖女修道會修女 *Annunciate nun*
13. 「聖母訪親」的修女 *Nun of "the Visitation of St. Mary"*

[History; 33]

傳教士、修士與修女

The Christian World: Missionaries, Monks, and Nuns

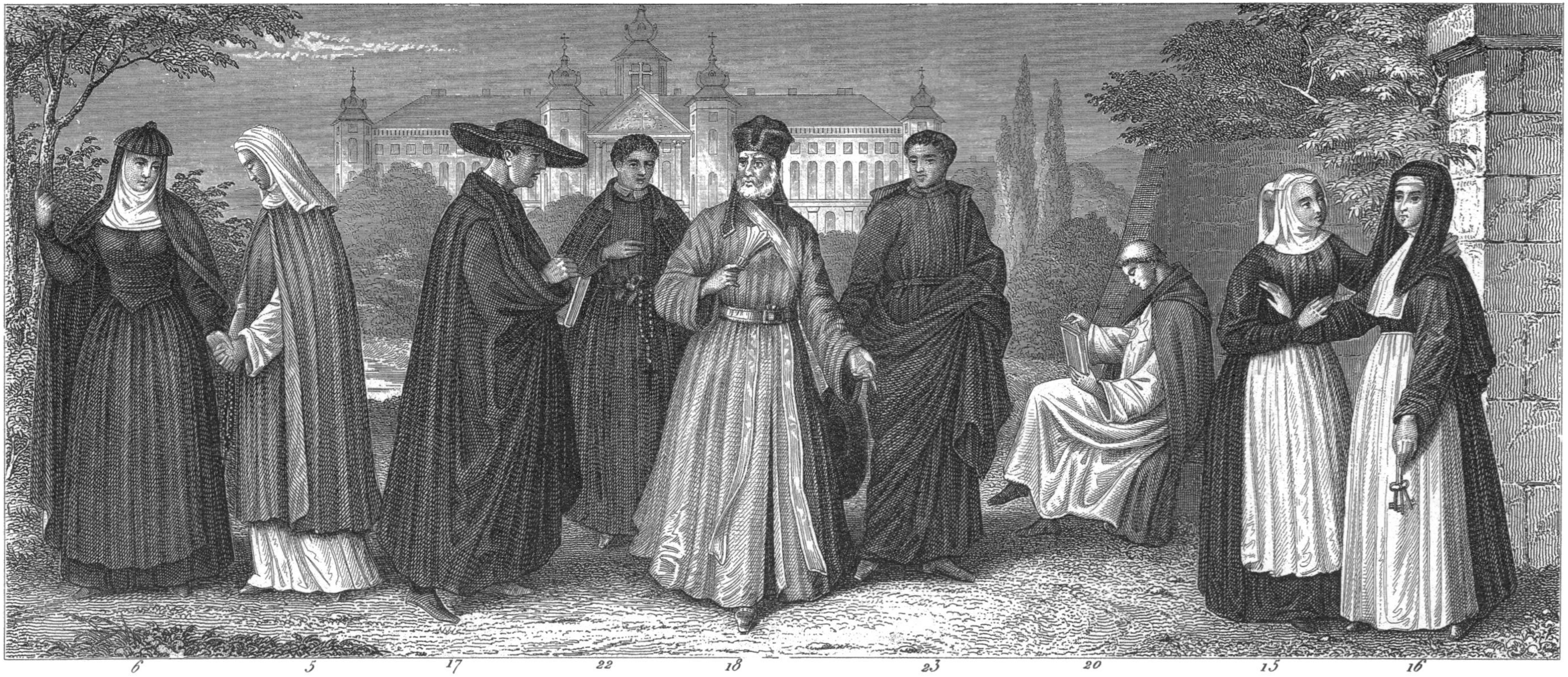

6. 貝居安修會修女 *Beguine*
5. 神職界修會修女 *Theatine nun*
17. 耶穌會士 *Jesuit*
22. 教義學家 *Doctrinary*
18. 耶穌會在中國的傳教士 *Jesuit missionary in China*
23. 巴爾納伯修士 *Barnabite monk*
20. 伯利恆修士 *Bethlehemite monk*
15. 方濟各修女 *Franciscan nun*
16. 巴黎主宮醫院的醫院修女 *Hospital nun of Hotel-Dieu in Paris*

[History; 33]

14. 「道成肉身」修女 *Nun of "the Word become Flesh"*
12. 「聖母無原罪懷胎」修女 *Nun of "the Immaculate Conception"*
8. 亞歷山修道士 *Alexian monk*
24. 法國和比利時虔敬學校的神父 *Priest of the pious schools of France and Belgium*
25, 26. 斐揚修道院的修士和修女 *Feuillantine monk and nun*
19. 慈善修女 *Sister of Charity*
21. 法國的天主教神父 *Priest of the Oratory in France*
27. 聖莫魯斯修士 *Monk of St. Maurus*

[History; 33]

修士、修女與騎士團

The Christian World: Monks, Nuns, and Crusaders

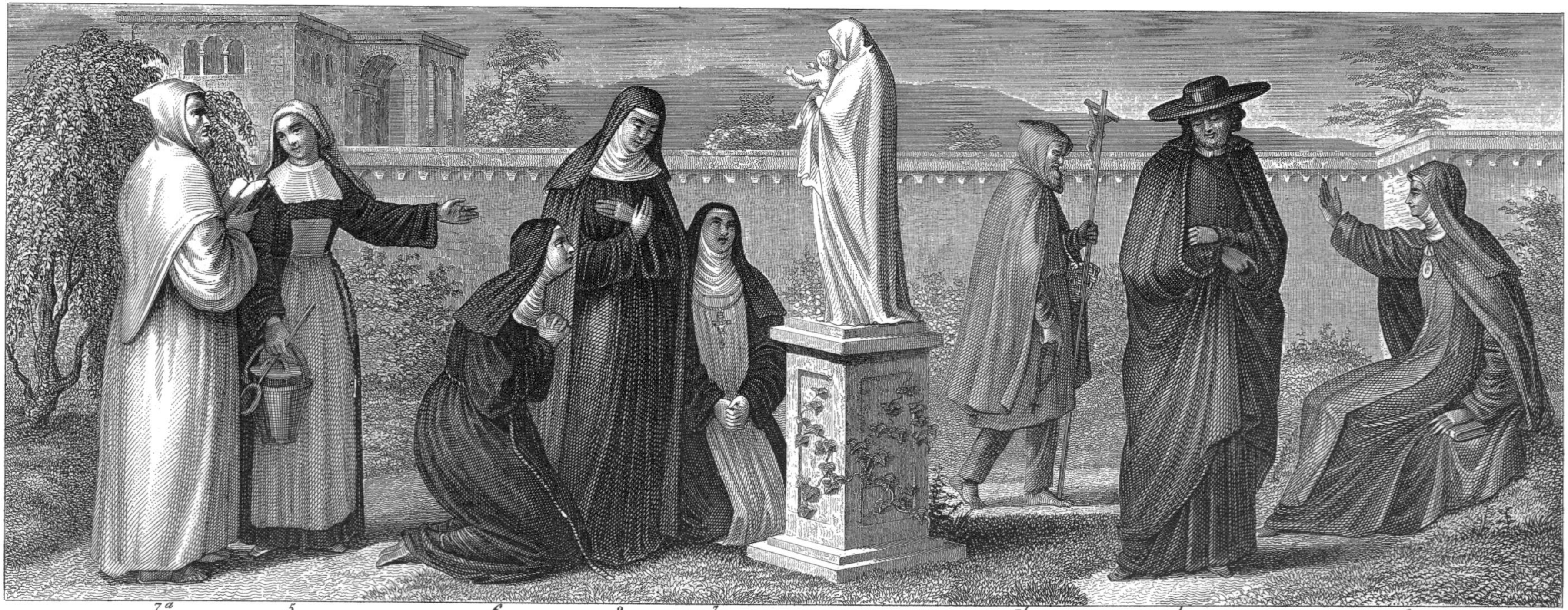

7a. 特拉皮斯特修道士 *Trappist monk*
5. 聖文生·保祿慈善修女 *Sister of Charity of St. Vincent de Paula*
6. 拉弗萊什的醫院修女 *Hospital nun of La Flèche*
2. 聖母院修女 *Nun of "Notre-Dame"*
3. 聖母慈悲修道院修女 *Nun of "Notre-Dame de la Miéricorde"*
7b. 佛蘭德的貧困志願修道士 *Poor volunteer monk of Flanders*
4. 遣使會的神父 *Priest of the Congregation of Missions*
1. 佛蘭德的修女 *Visitantine nun in Flanders*

[History; 34]

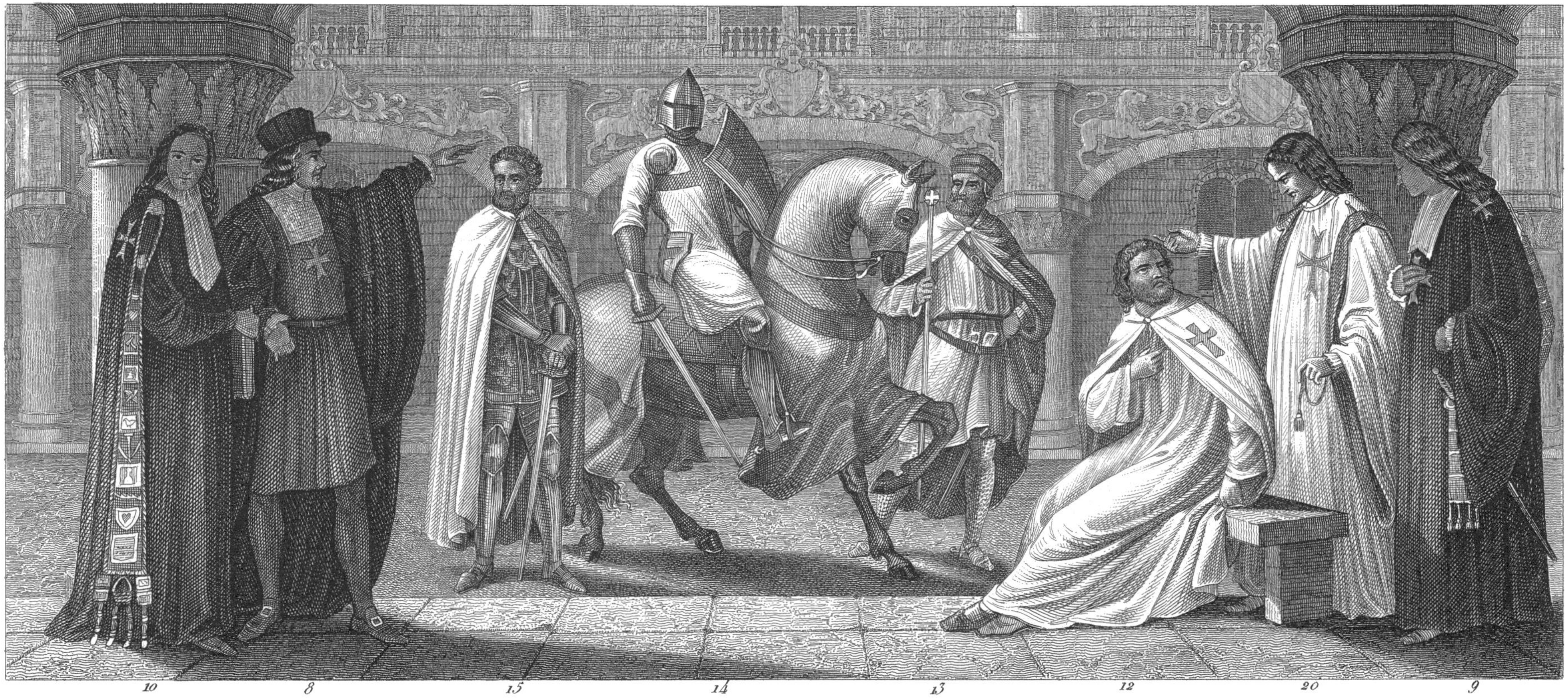

10．馬爾他國王 *King of Malta*
8．馬爾他騎士團大團長 *Grand master of the Order of Malta*
15．德國騎士團大團長 *Grand master of the German Knights*
14．聖殿騎士團的盔甲裝 *Templar in full armor mounted*
13．聖殿騎士團的戰鬥裝 *Templar in war costume*
12．聖殿騎士團的便裝 *Templar in house dress*
20．聖斯蒂芬騎士 *Knight of St. Stephen*
9．馬爾他騎士團大十字勳章 *Grand cross of the same*

[History; 34]

騎士團與教會

The Christian World: Crusaders and Churches

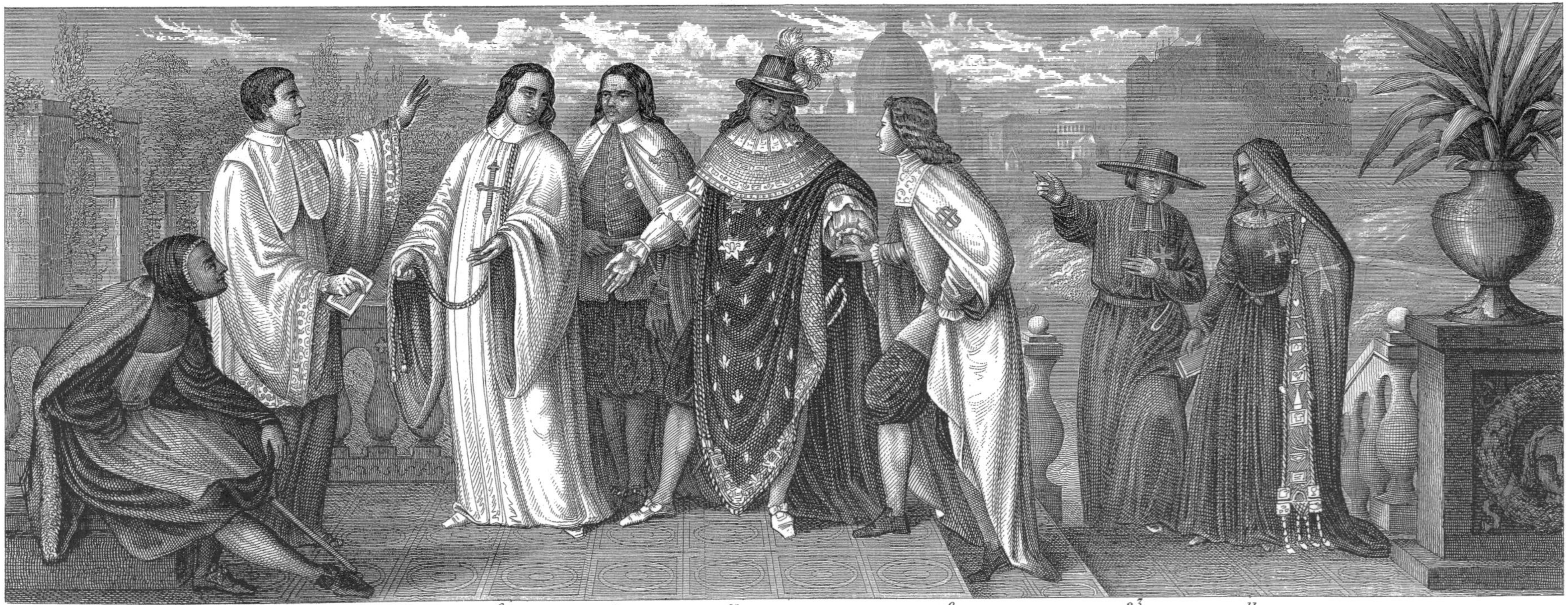

17 22 16 19 21 18 23 11

17. 卡拉特拉瓦騎士 *Knight of the Order of Calatrava*
22. 聖靈醫院騎士團的慈善成員 *Hospitaller of the Holy Ghost*
16. 聖雅各伯騎士 *Knight of St. James of the Sword*
19. 葡萄牙聖阿維騎士團的騎士 *Knight of St. Avis in Portugal*
21. 聖靈騎士團的騎士 *Knight of the Holy Ghost*
18. 阿爾坎塔拉騎士團的騎士 *Knight of the Order of Alcantara*
23. 奧布拉克修會修女 *Religious of the Order d'Aubrac*
11. 耶路撒冷聖約翰騎士團的貴婦*Lady of the Order of St. John of Jerusalem*

[History; 34]

15

16

15. 英國曼徹斯特座堂的內部 *Interior of the Collegiate church in Manchester*
16. 義大利巴勒莫聖西門教堂的內部 *Interior of the church of St. Simon at Palermo*

[Architecture; 41]

近代國家普魯士和法國的軍隊
The Armies of Modern Prussia and France

1-14. 普魯士步兵 *Prussian infantry*

[Military Sciences; 19]

1-12. 法國步兵 *French infantry*

[Military Sciences; 19]

近代國家普魯士和法國的軍隊

The Armies of Modern Prussia and France

1-10. 普魯士騎兵 *Prussian cavalry*

[Military Sciences; 20]

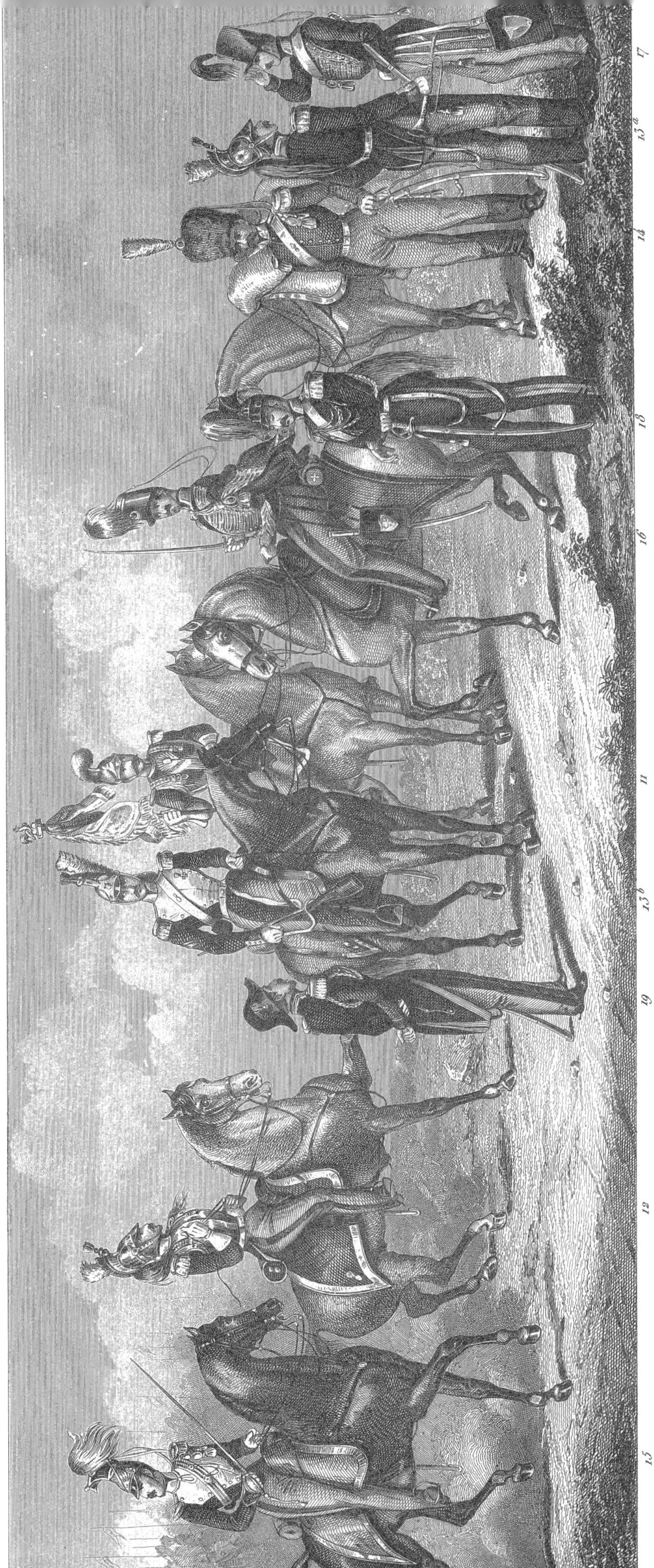

11-19. 法國騎兵 *French cavalry*

[*Military Sciences; 20*]

近代國家奧地利和英國的軍隊

The Armies of Modern Austria and Britain

1-8. 奧地利步兵 *Austrian infantry*

[Military Sciences; 21]

1-11. 英國步兵 *British infantry*

[Military Sciences; 21]

近代國家比利時和英國的軍隊

The Armies of Modern Belgium and Britain

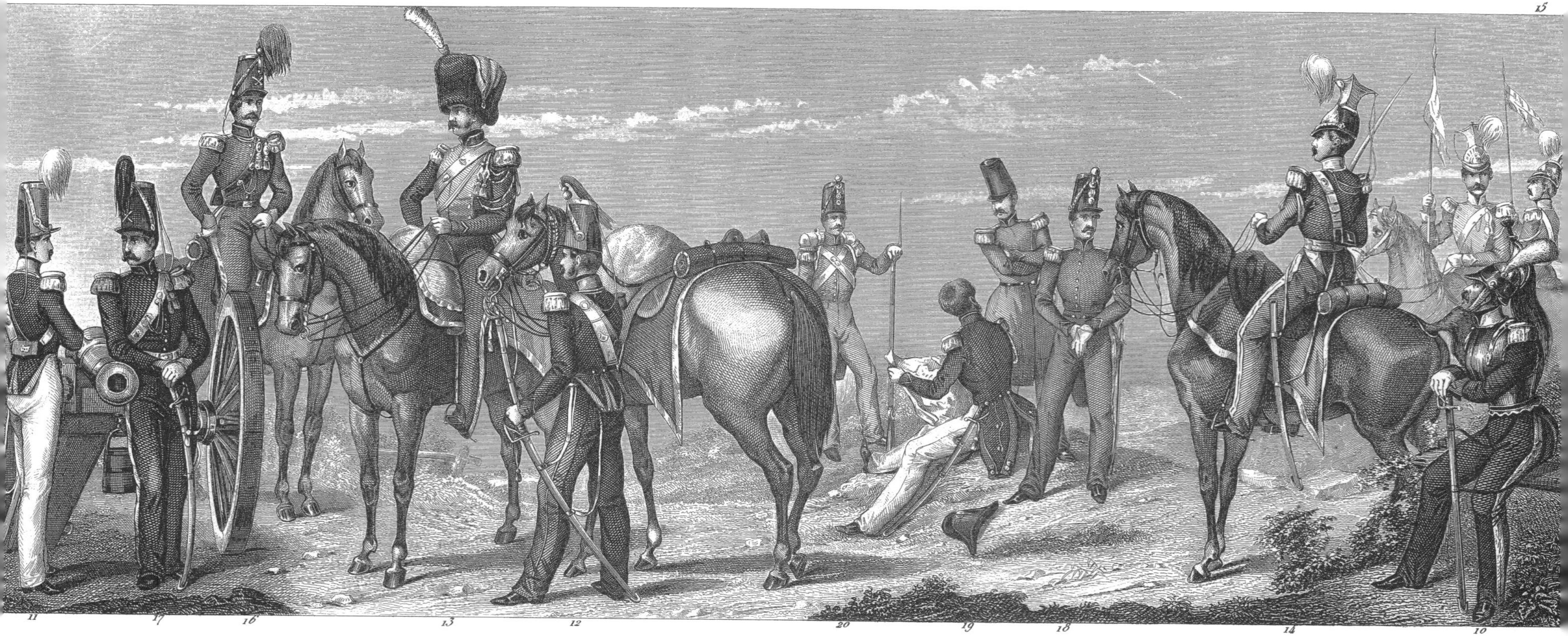

10-20. 比利時騎兵、砲兵和工兵 *Belgian cavalry, artillery, and engineers*

[Military Sciences; 22]

1-9. 英國騎兵 *British cavalry*

[Military Sciences; 22]

近代歐洲的海軍制服

Modern European Naval Uniforms

上一頁
11-13. 英國海軍軍官 *English naval officers*
1-5. 法國海軍軍官 *French naval officers*
6-10. 俄羅斯海軍軍官 *Russian naval officers*

14. 海軍士官生（見習官） *Naval cade (midshipman)*
15-18. 水手、水手長等 *Sailors, boatswains*

19世紀德國人民的服裝

Clothing of the Common People of Germany, 19th century

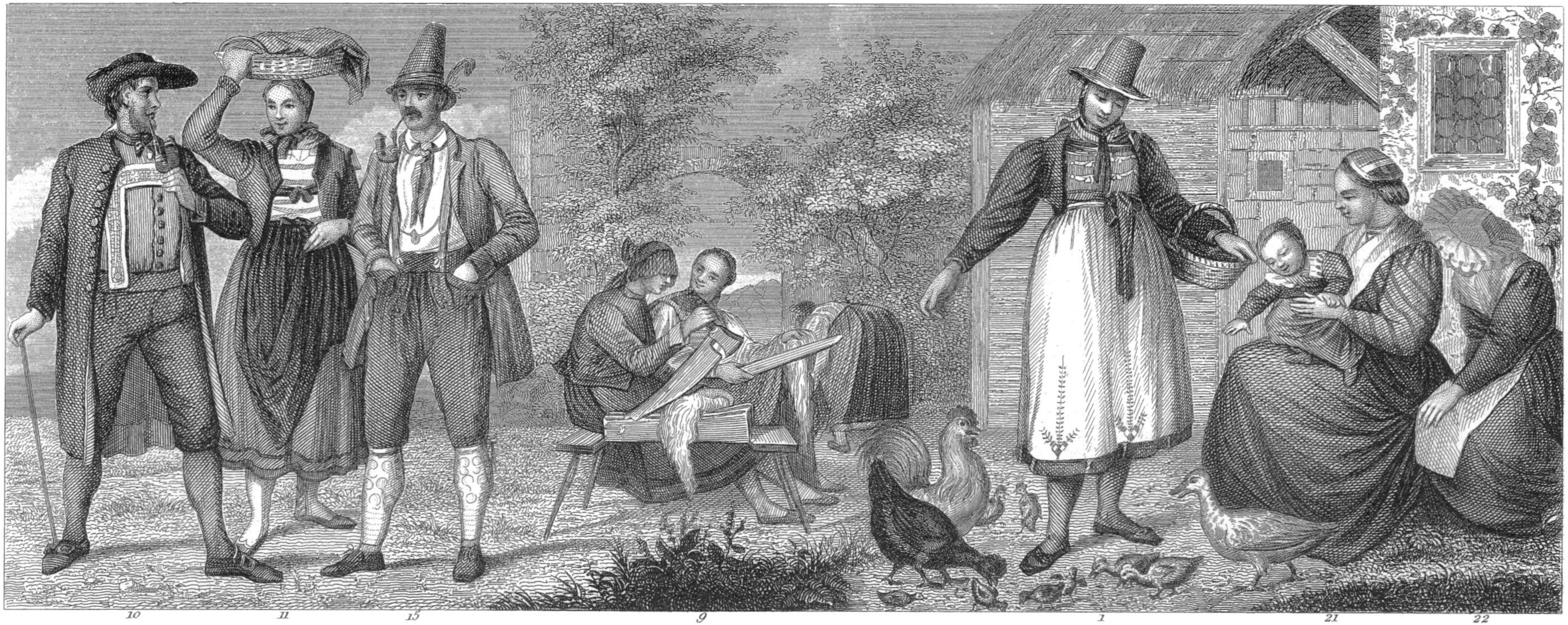

10, 11, 15. 巴伐利亞地區的居民 *Bavarians*

9. 符騰堡地區的居民 *Wirtembergers*

1. 巴登的農村女孩 *Peasant girl from Baden*

21-22. 科布倫茨地區的居民 *Inhabitants of the District of Coblentz (Rhine)*

[Ethnology; 2]

12-14. 巴伐利亞地區的居民 *Bavarians*
2. 巴登高地的農民 *Peasant from the Baden highlands*
3,4. 黑森林的居民 *Inhabitants of the Black Forest*
20. 布藍茲維地區的居民 *Inhabitants of Brunswick*
7-8. 符騰堡地區的居民 *Wirtembergers*

[Ethnology; 2]

19世紀德國人民的服裝

Clothing of the Common People of Germany, 19th century

5，6. 符騰堡地區的居民 *Wirtembergers*
18，19. 萊茵普魯士地區的居民 *Inhabitants of Rhenish Prussia*
16，17. 黑森人 *Hessians*
23，24. 阿爾滕堡（薩克森）的居民 *Inhabitants of Altenburg (Saxony)*

[Ethnology; 2]

2．霍爾斯坦地區的居民 *Inhabitants of Holstein*
1．愛爾福特地區（圖林根）的居民 *Inhabitants of the District of Erfurt (Thuringia)*
9-10．西利西亞地區地區（波蘭～捷克）的居民 *Inhabitants of Silesia*
4-5．漢堡地區的居民 *Inhabitants of the District of Hamburg*
3．呂訥堡地區（漢諾威）的居民 *Inhabitants of the District of Lüneburg (Hanover)*

[Ethnology; 3]

19世紀德國、東歐人民的服裝

Clothing of the Common People in Germany and East Europe, 19th century

6-8. 東弗里斯蘭地區（漢諾威）的居民 *Inhabitants of East Friesland (Hanover)*
12-15. 蒂羅爾地區的居民 *Inhabitants of Tyrol*
[Ethnology; 3]

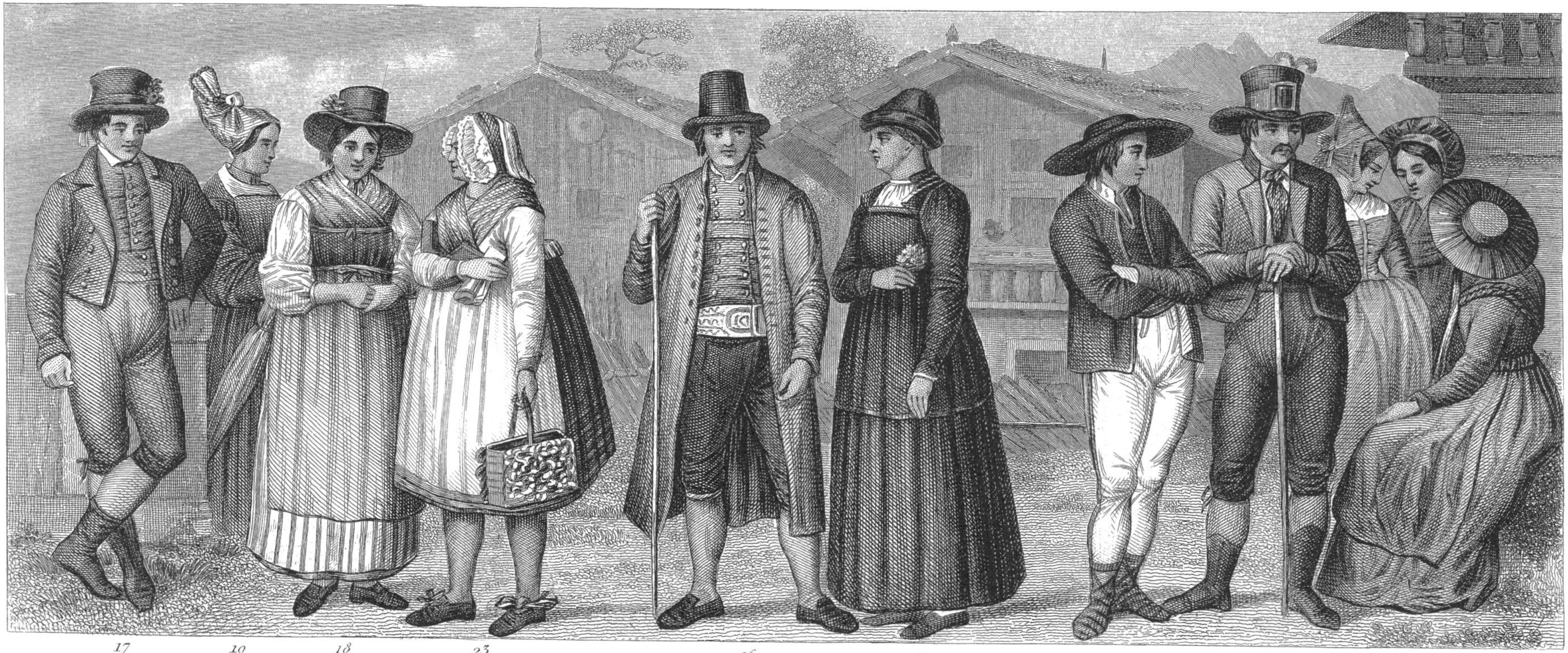

16-19. 奧地利的居民 *Inhabitants of Austria*
23. 波希米亞（捷克）的居民 *Inhabitants of Bohemia*
11. 西利西亞地區（波蘭～捷克）的居民 *Inhabitants of Silesia*
24. 伊利里亞（巴爾幹半島）的居民 *Inhabitants of Illyria*
20-22. 施蒂利亞地區的居民 *Inhabitants of Styria*

[Ethnology; 3]

19世紀俄羅斯、高加索地區的各民族服飾

Peoples and Clothing of Russia and the Caucasus, 19th century

高加索部落 *Caucasian Tribes*

18-22. 切爾克斯人 *Circassian*

24. 阿巴西亞人 *Abasian*

23. 土庫曼人 *Turkoman*

26. 伊梅里提亞人 *Imeritian*

25. 明格列爾人 *Mingrelian*

[Ethnology; 10]

俄羅斯民族 *Russian Tribe*

1,2. 史特列玆人 *Strielzi*

3. 俄羅斯-波蘭衛兵 *Russo-Polish guard*

4-7. 小俄羅斯人 *Inhabitants of Little Russia*

15. 頓河哥薩克人 *Cossack of the Don*

[Ethnology; 10]

19世紀俄羅斯、高加索地區的各民族服飾

Peoples and Clothing of Russia and the Caucasus, 19th century

俄羅斯部落 *Russian Tribe*
11. 諾夫哥羅德人 *Inhabitants of Novgorod*
16. 莫斯科人 *Inhabitants of the district of Moscow*
8-10. 伏爾加漁民 *Fishermen from the Volga*
12, 13. 特維爾地區的居民 *Inhabitants of the district of Twer*
14. 烏克蘭的居民 *Inhabitants of Ukraine*
高加索部落 *Caucasian Tribes*
17-22. 切爾克斯人 *Circassian*
27. 喬治亞人 *Georgian*
[Ethnology; 10]

下一頁
1, 2. 俄羅斯鄉村遊戲 *Russian rural games*
[Ethnology; 11]
1. 俄羅斯雪橇遊戲 *Russian sleighing and gliding hill*
[Ethnology; 12]

19世紀生活在法國的人們

French Citizens' Life Style, 19th century

1

1. 巴黎的香榭麗舍大道 *Grand promenade in the Elysian Fields (Paris)*

[Ethnology; 7]

2

2. 鄉村舞會 *Rural ball*

[Ethnology; 8]

19世紀生活在英國的人們

British Citizens' Life Style, 19th century

2

2. 賽馬 *Horse race*

[Ethnology; 6]

3

3. 在英格蘭舉行的公共會議 *Public meeting in England*

[*Ethnology*; 7]

19世紀生活在義大利、西班牙的人們

Common People's Life Style in Italy and Spain, 19th century

2

3

2. 薩丁尼亞的穀倉 *Sardinian barn*
3. 薩丁尼亞的婚禮 *Sardinian wedding*

[Ethnology; 9]

1. 西班牙的穀倉 *Spanish barn*
4. 西班牙的波麗露舞 *The Bolero (Spanish dance)*

[Ethnology; 9]

二、世界各民族的服裝和風俗

本章將聚焦在19世紀，詳載世界各地民族的服裝和風俗。

世界民族服飾：收錄從古代到19世紀各民族的服裝和風俗。

非洲、中東和高加索：中東在狹義上被定義為埃及和西亞地區，但廣義上包括了摩洛哥到巴基斯坦之間的所有土地。

印度、中國和日本：歐洲對印度和中國早有興趣，但對日本的了解仍然有限。

美洲和大洋洲：當時大部分土地是多個歐洲國家的殖民地，對原住民存在強烈的歧視。

II. The World's Peoples' Clothing and Dressing Customs

The original work focuses on the 19th century, dealing with the clothing and dressing customs of various peoples around the world.

The World's People and Clothing: Clothing and dressing customs of various peoples from ancient times through the 19th century

Africa, the Middle East, and the Caucasus: The Middle East is narrowly defined as Egypt and West Asia, but it is broadly defined as including all territories between Morocco, at the northwest edge of Africa, and Pakistan, on the western edge of Asia.

India, China, and Japan: Europe was interested in India and China from early times, but knowledge of Japan was still limited.

America and Oceania: At the time, most of the lands were colonies of diverse European countries, and it seems there was strong discrimination against indigenous peoples.

五大主要人種

1. **高加索人** 1. 中歐居民 2. 希臘人 3. 土耳其人 4. 哥薩克人 5. 波斯人 6. 印度人 7. 貝都因人 8-9 卡拜爾人
2. **蒙古人** 10. 卡爾梅克人 11.中國人 12. 薩莫耶德人 13. 因紐特人
3. **伊索比亞人** 14. 幾內亞黑人 15. 布薩黑人 16. 科伊科伊人（舊稱霍屯督人） 23-24. 巴布亞人（澳大利亞）
4. **美國人** 17-21. 印第安人
5. **馬來人** 22. 紐西蘭原住民

*這「五大人種」是19世紀原著出版時所使用的分類法，和目前的人類學知識存在著差異，包括「人種」一詞的含意。

The Five Principal Race

1. **Caucasian Race** 1. Inhabitants of Central Europe 2. Greek 3. Turk 4. Cossack 5. Persian 6. Hindoo 7. Bedouin 8-9. Cabyles
2. **Mongolian Race** 10. Kalmuck 11. Chinese 12. Samoyede 13. Esquimaux
3. **Ethiopian Race** 14. Guinea Negro 15. Boussa Negro 16. Hottentot 23-24. Papuas (Australia)
4. **American Race** 17-21. Indians
5. **Malay Race** 22. Native of New Zealand

世界各民族服飾

The World's Peoples and Clothes

40ab. 亞述（伊拉克北部）頭飾 *Assyrian headgear*
32. 亞述皇家頭飾 *Assyrian tiara*
34. 印度帽子 *Indian caps*
26. 亞美尼亞（高加索地區）皇家頭飾 *Armenian royal headgear (Kidaris)*
35. 印度帽子 *Indian caps*
42. 中國皇帝的帽子 *Chinese imperial cap*
39. 佛里幾亞（古安納托利亞地區）帽子 *Phrygian cap*
27. 達契亞（羅馬尼亞古國）頭飾 *Dacian headgear*
33. 印度帽子*Indian caps*
31. 波斯皇家頭飾 *Persian royal tiara*
37. 印度帽子*Indian caps*
36. 印度帽子*Indian caps*
28. 薩馬提亞（烏拉山南方伊朗裔遊牧民族）頭飾 *Sarmatian headgear*
29. 斯基泰（烏克蘭的伊朗裔遊牧騎馬民族）皇家頭飾 *Scythian royal tiara*
25. 努米底亞（古羅馬時期北非的柏柏爾人王國）頭飾 *Numidian*
38. 亞述頭盔 *Assyrian helmet*
30. 波斯皇家頭飾 *Persian royal tiara*
23, 24. 衣索比亞皇家頭飾 *Ethiopian royal headgear*

[History; 6]

古代非洲、中東各民族服飾

Various Peoples and Clothing in Ancient Africa and the Middle East

4. 利比亞服裝 *Lybian costume*
6-14. 亞述人（伊拉克） *Assyrians*
[History; 2]

16. 米底人（伊朗） *Medes*
14. 亞述人 *Assyrians*
20. 波斯人（伊朗） *Persians*
15. 米底人 *Medes*
19. 波斯人 *Persians*
6. 亞述人 *Assyrians*
17-18. 波斯人 *Persians*
[History; 2]

世界各民族服飾

The World's Peoples and Clothes

5. 中國人 *Chinese*
1-3. 埃及服裝 *Egyptian costumes*
7-9. 亞述人 *Assyrians*
[History; 2]

15. 凱爾特伊比利亞人（伊比利半島） *Celtiberian*
16. 伊比利亞女人（西班牙） *Iberian woman*
4. 亞美尼亞人（高加索） *Armenians*
1. 迦太基國王（突尼西亞） *Carthaginian king*
8. 佛里幾亞人（土耳其） *Phrygian*
10. 達契亞人（羅馬尼亞） *Dacians*

世界各民族服飾

The World's Peoples and Clothes

9. 達契亞人 *Dacia s*
14. 帕提亞人（伊朗） *Parthian*
13. 敘利亞人 *Syrian*
18-22. 日耳曼人（德國） *Germans*

[History; 4]

2. 茅利塔尼亞人（北非） *Mauritanian*
23. 日耳曼人 *Germans*
3. 波斯女人（伊朗） *Persian woman*
17. 英國女人 *British Woman*
11, 12. 達契亞女人 *Dacian women*
6. 亞美尼亞人 *Armenians*
7. 阿拉伯人 *Arab*
[History; 4]

世界各民族服飾

The World's Peoples and Clothes

3. 土耳其人 *Turk*
5. 波斯人 *Persian*
1. 中歐居民 *Inhabitants of Central Europe*
2. 希臘人 *Greek*
4. 哥薩克人 *Cossack*
8. 卡拜爾人 *Cabyles*
6. 印度人 *Hindoo*
7. 貝都因人 *Bedouin*
9. 卡拜爾人 *Cabyles*

[Ethnology; 1]

11. 中國人 *Chinese*
10. 卡爾梅克人 *Kalmuck*
12. 薩莫耶德人 *Samoyede*
13. 因紐特人 *Esquimaux*
14. 幾內亞黑人 *Guinea Negro*
15. 布薩黑人 *Boussa Negro*
16. 科伊科伊人 *Hottentot*

[Ethnology; 1]

世界各民族服飾

The World's Peoples and Clothes

23, 24. 巴布亞人（澳大利亞） *Papuas (Australia)*

22. 毛利人（紐西蘭原住民） *Native of New Zealand*

17-21. 印第安人（包含南美地區） *Indians*

[Ethnology; 1]

古埃及的神和祭司

The Gods and Priests of Ancient Egypt

5. 賽拉皮斯和伊西絲 *Serapis and Isis*
27. 埃及的神職人員 *Egyptian priests*
3, 4. 伊西絲的雕像 *Statues of Isis*
6. 賽拉皮斯和伊西絲 *Serapis and Isis*
9. 伊西絲哺育小女神 *Isis nursing Hours*
7. 賽拉皮斯的雕像 *Statue of Serapis*
33-34. 埃及的女神職人員 *Egyptian priestesses*
29. 埃及的神職人員 *Egyptian priests*
8. 寶座上的賽拉皮斯 *Serapis on his throne*

[Mythology; 10]

19世紀非洲的服裝和風俗

Clothing and Dressing Customs of Africa, 19th century

6. 奴隸 *Slave*
7. 開羅（埃及）的女人 *Lady of Cairo*
5. 阿爾及爾（阿爾及利亞）的猶太婦女 *Jewess of Algiers*
4. 阿爾及爾的首領 *Arabian chief in Algiers*
2，3. 摩爾（北非伊斯蘭教徒）的貴族和商人 *Moorish noble and merchant*

[Ethnology; 26]

12. 中非的偶像崇拜 *Idolatry in Central Africa*
10, 11. 廷布克圖（西非）和索克納（北非摩洛哥的費茲）女孩 *Girls of Timbuktoo and Sokna (Fez)*
9. 布薩的黑人國王 *Negro king of Boussa*
8. 博爾努（西非塞內加爾）的女孩 *Girl of Bornou (Senegal)*
[Ethnology; 26]

19世紀非洲的服裝和風俗

Clothing and Dressing Customs of Africa, 19th century

5. 剛果河南岸的的黑人葬禮 *Negro funeral south of the Coango River*
4. 黑人首領和隨扈 *Negro chief and suite*

[Ethnology; 28]

1. 阿比西尼亞（衣索比亞）服裝 *Abyssinian costumes*
2. 阿比西尼亞之旅 *Abyssinian travelling*
3. 獵象 *Elephant hunting*

[Ethnology; 28]

19世紀非洲、中東的生活和文化

Life Styles and Culture of Africa and the Middle East, 19th century

4 3

3，4. 阿拉伯音樂與舞蹈 *Arabian music and dance*

[Ethnology; 19]

6. 埃及開羅的婚宴 *Nuptial procession in Cairo*

[Ethnology; 27]

19世紀中東的服裝和風俗

Customs and Culture of the Middle East, 19th century

2. 敘利亞人 *Syrians*
3, 4. 士麥那（伊茲密爾）居民 *Smyrnese*
9. 納布盧斯（巴勒斯坦）的女孩 *Girl of Nablous*
10. 拿撒勒人（基督徒） *Nazarenes*
5-8. 馬龍尼派（黎巴嫩的天主教派） *Maronites*

[Ethnology; 13]

1a-s. 近東風格頭飾 *Oriental headgear*

[Ethnology; 13]

19世紀中東、高加索地區各民族的服裝和風俗

People and Cultures of the Middle East and the Caucasus, 19th century

11-15. 阿拉伯人 *Arab*
16,17. 亞美尼亞人 *Armenians*
18. 馬爾丁的土耳其人 *Turk of Mardin*
[Ethnology; 13]

17. 明格列爾人（喬治亞西北部） *Mingrelian*
7-9. 波斯人（伊朗） *Persians*
16. 喬治亞人 *Georgian*
10. 貝盧奇人 *Beludshis*

[Ethnology; 15]

19世紀中東、高加索地區各民族的服裝和風俗

People and Cultures of the Middle East and the Caucasus, 19th century

1-5, 8. 波斯人 *Persians*

[Ethnology; 15]

13. 庫爾德人（伊朗裔山岳民族） *Kurd*
14. 吉爾吉斯人 *Kirghis*
15. 伊梅里地區的人 *Imeritian*
11. 烏茲別克人 *Usbek*
12. 阿富汗人 *Afghan*
18. 高加索山區居民 *Caucasian mountaineer*

[Ethnology; 15]

19世紀中東的服裝和風俗

Customs and Culture of the Middle East, 19th century

1

2

1. 土耳其婦女的公共浴池 *Public baths for women in Turkey*
2. 後宮內部 *Interior of a harem*

下一頁
3. 大維齊爾（輔政大將軍）家中的晚宴 *Supper at the grand vizier's*
4. 面見蘇丹 *Ceremony in the sultan's presence chamber*

5. 德爾維儀式舞蹈 *Dance of the dervises*
6. 穆斯林的祈禱和淨化儀式 *Prayer and ablution of the Mahomedans*
7. 懺悔的德爾維修士 *Penitent dervise*

[Ethnology; 14]

4

6

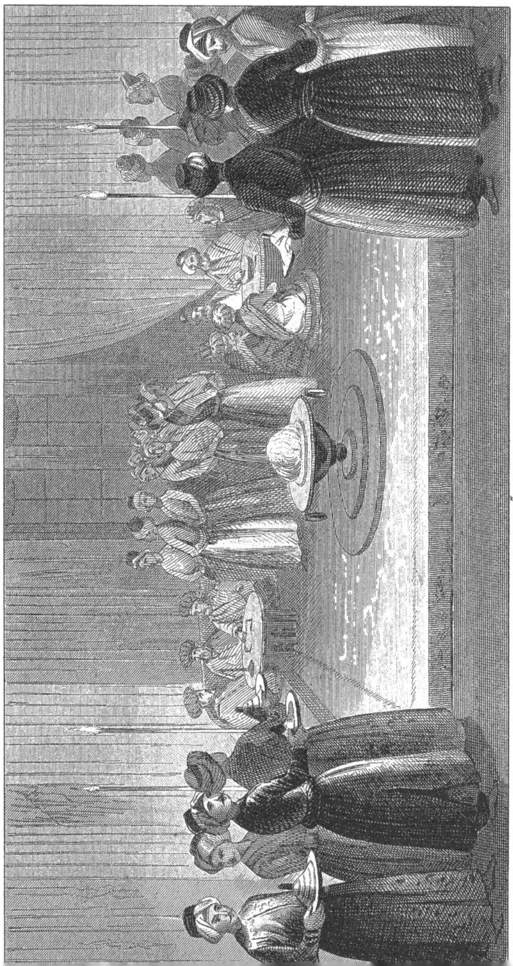

3

5

7

19世紀波斯的服裝和風俗

Persian Customs and Culture, 19th century

1

2

1. 波斯婚禮 *Wedding in Persia*
2. 波斯婦女外出 *Persian women travelling*

下一頁
3. 波斯樂團 *Persian music*
4. 波斯美食 *Persian meal*

5. 波斯遊戲 *Persian game*
6, 7. 波斯刑罰 *Persian punishment*

[Ethnology; 17]

土耳其軍隊
Turkish Army

1-10. 傳統的土耳其軍隊 *Troops of the older Turkish military system*

[Military Sciences; 23]

11-17. 近代土耳其軍隊 *Modern Turkish army*

[Military Sciences; 23]

印度、東亞和日本的宗教習俗

Religious Dressing Customs of India, East Asia, and Japan

15

10　11　12　9　22　21

20

5. 毗濕奴化身為野豬 *Vishnu as a boar*
15. 梵天和辯才天女 *Saravadi Brahma and Saravadi*
4. 毗濕奴化身為烏龜 *Vishnu as a tortoise*

[Mythology; 2]

10-12. 印度教苦行僧 *Hindoo ascetics*
9. 婆羅門 *A Brahmin*
22. 韃靼喇嘛 *Tartar Lama*
21. 蒙古喇嘛 *Mongolian Lama*

[Mythology; 3]

20. 懺悔的印度教苦行者 *Hindoo penitents*

[Mythology; 2]

8 5 4 6 7

39 38 40

41 42 37

11

7, 8. 佛教僧侶 *Buddhistic priests*

5. 天台宗（推測）的僧侶 *Chief priest of the Tensjû*

4. 同宗派高階僧侶 *Priest of the same*

6. 日本高階神官 *High priest of Japan*

39, 40. 佛教僧侶 *Buddhistic priests*

37, 38. 日本見習僧侶（推測為修驗道） *Japanese monks*

41. 日本盲僧（推測為座頭官） *Blind monk of Japan*

42. 日本尼僧 *Japanese nun and lay sister*

[Mythology; 5]

11. 日本葬禮隊伍 *Japanese procession*

[Mythology; 6]

19世紀印度的服裝和風俗

Clothing and Dressing Customs of India, 19th century

1-3. 印度婦女和女孩 *Indian women and girls*

4. 後宮裡的奴隸 *Slave of Harlem*

5. 印度後宮 *Indian harem*

[Ethnology; 20]

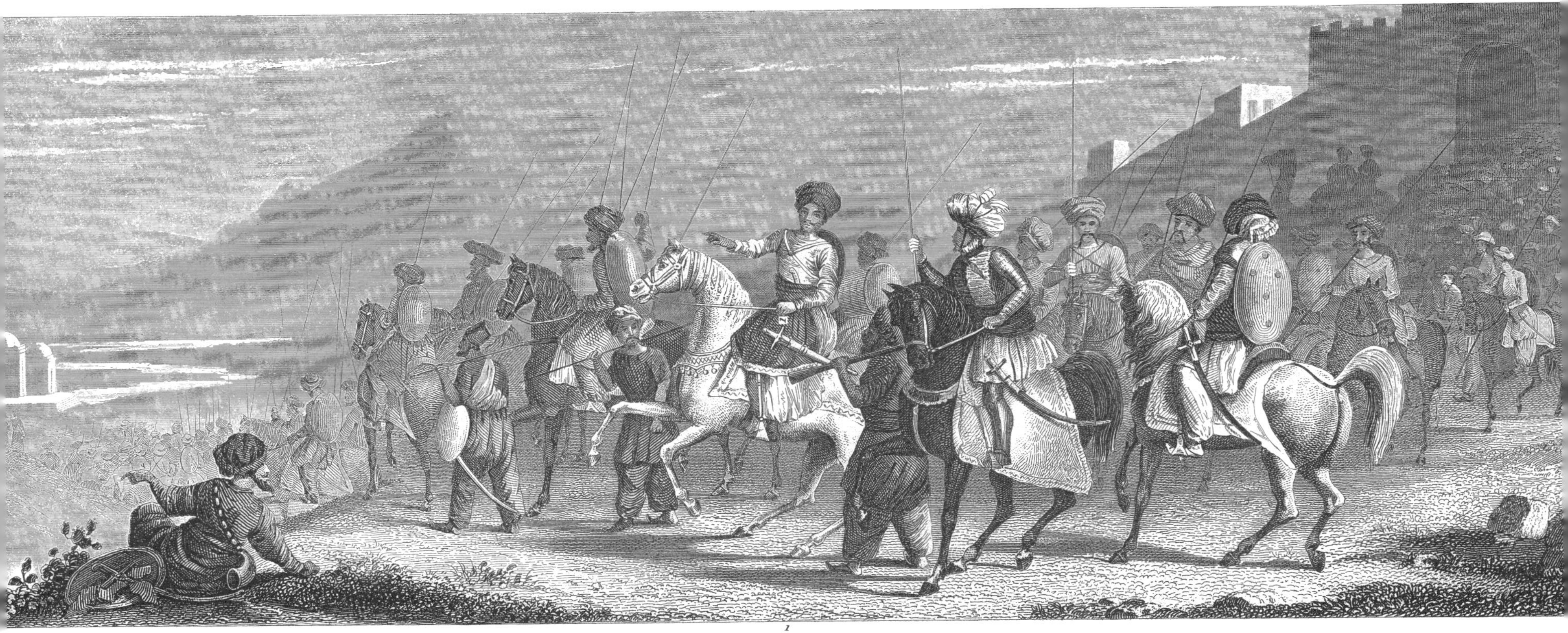

1. 印度王公和其家臣（英屬東印度群島）*Rajah of Cutch and his vassals (English East Indies)*

[Ethnology; 18]

19世紀東亞各民族服飾

Peoples and Clothing of East Asia, 19th century

5，6. 中國人 *Chinese*
9. 日本人（不確定） *Japanese*
7. 韓國人 *Korean*
8. 琉球人 *Loo-Choo islander*

[Ethnology; 22]

10-14. 日本人 *Japanese*

[Ethnology; 22]

19世紀中國的服裝和風俗

Peoples and Clothing of China, 19th century

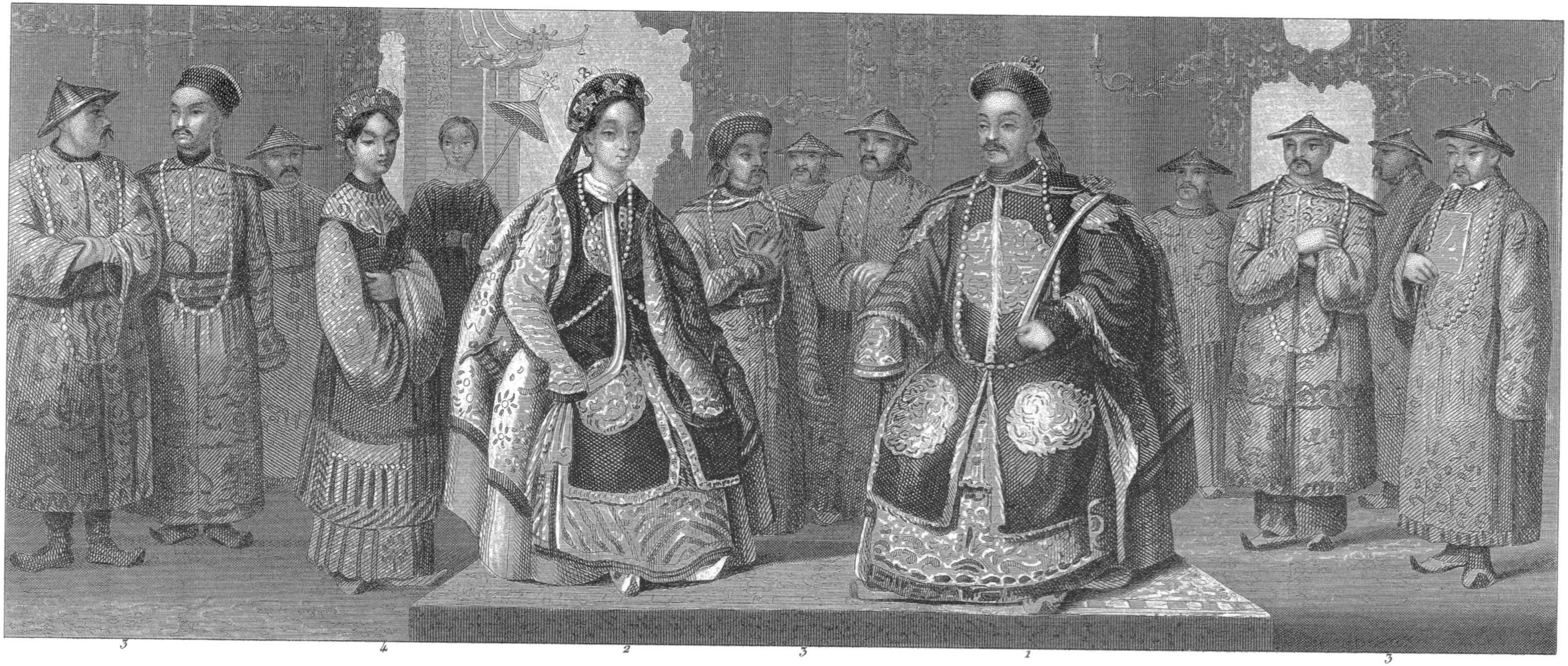

1-4. 中國人 *Chinese*

[Ethnology; 22]

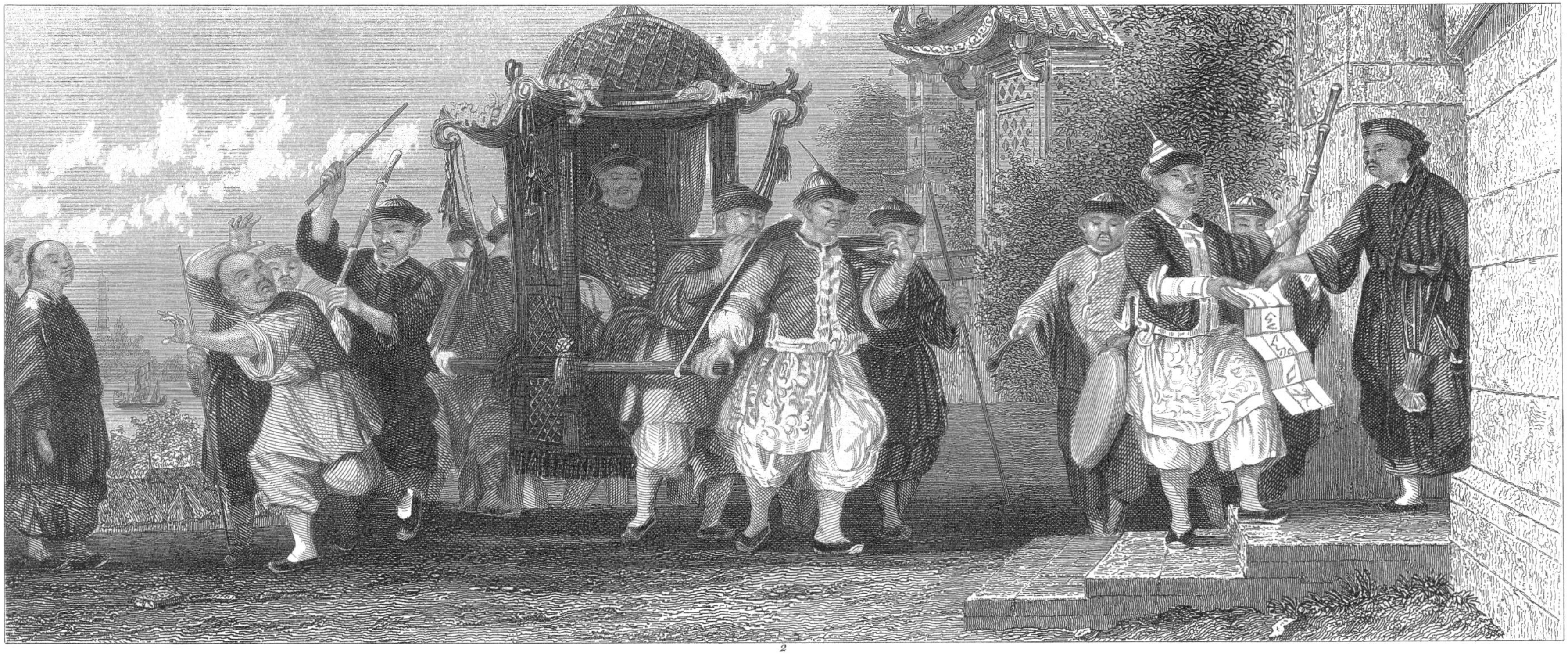

2. 中國官員到訪 *Chinese mandarin visiting*

[Ethnology; 25]

19世紀中國的服裝和風俗

Peoples and Clothing of China, 19th century

2

2. 中國絲綢文化 *Silk culture in China*

[Ethnology; 23]

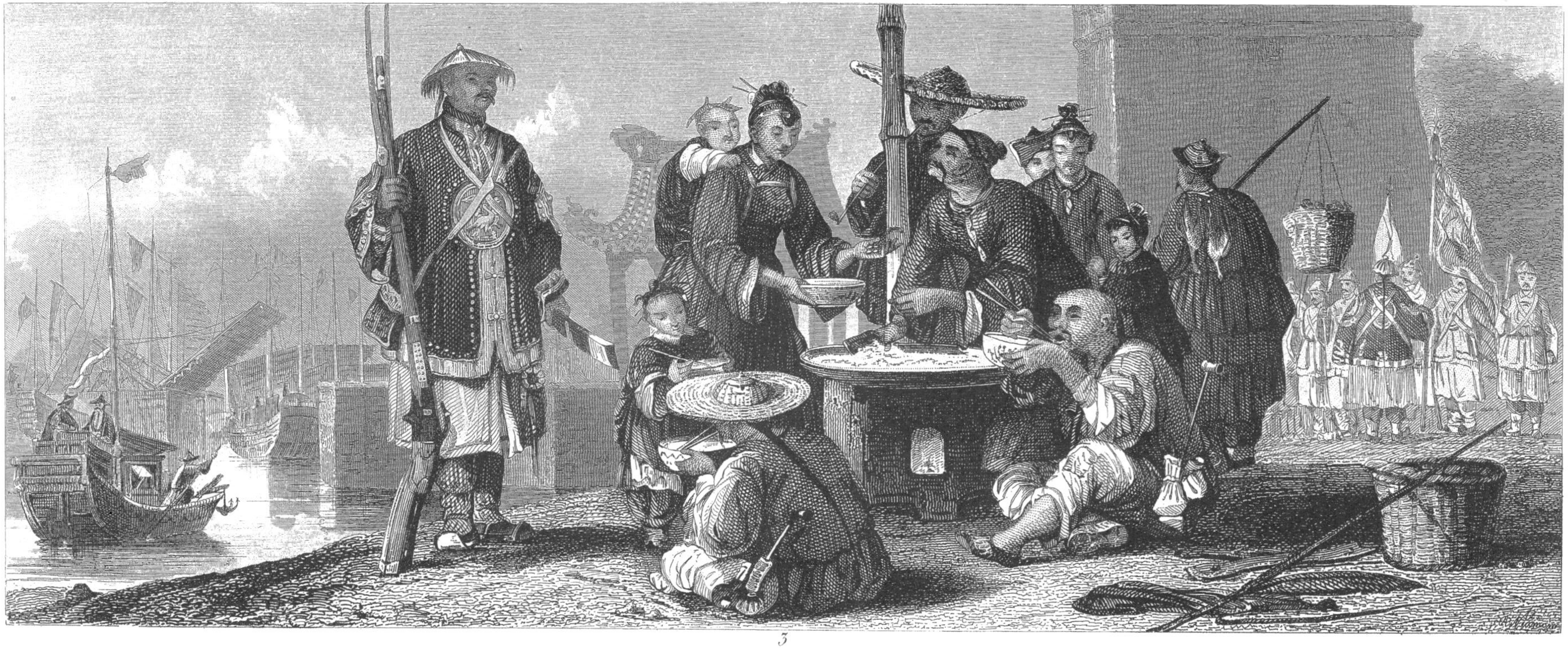

3. 中國米商 *Chinese rice-dealer*
[Ethnology; 23]

19世紀中國的服裝和風俗

Peoples and Clothing of China, 19th century

1

1. 中國茶文化 *Tea culture in China (19th Century)*

[Ethnology; 23]

下一頁

1. 中國木偶戲 *Chinese puppet-show*
3. 中國江湖術士 *Chinese quack*

[Ethnology; 25]

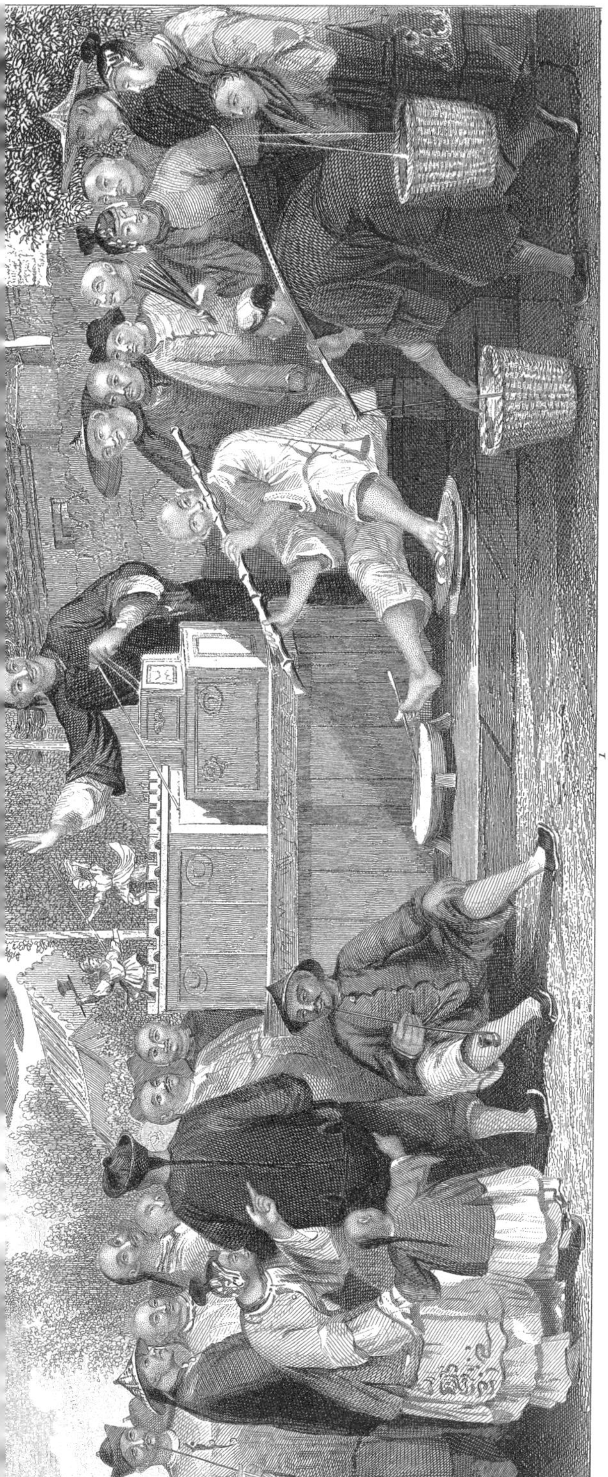

1

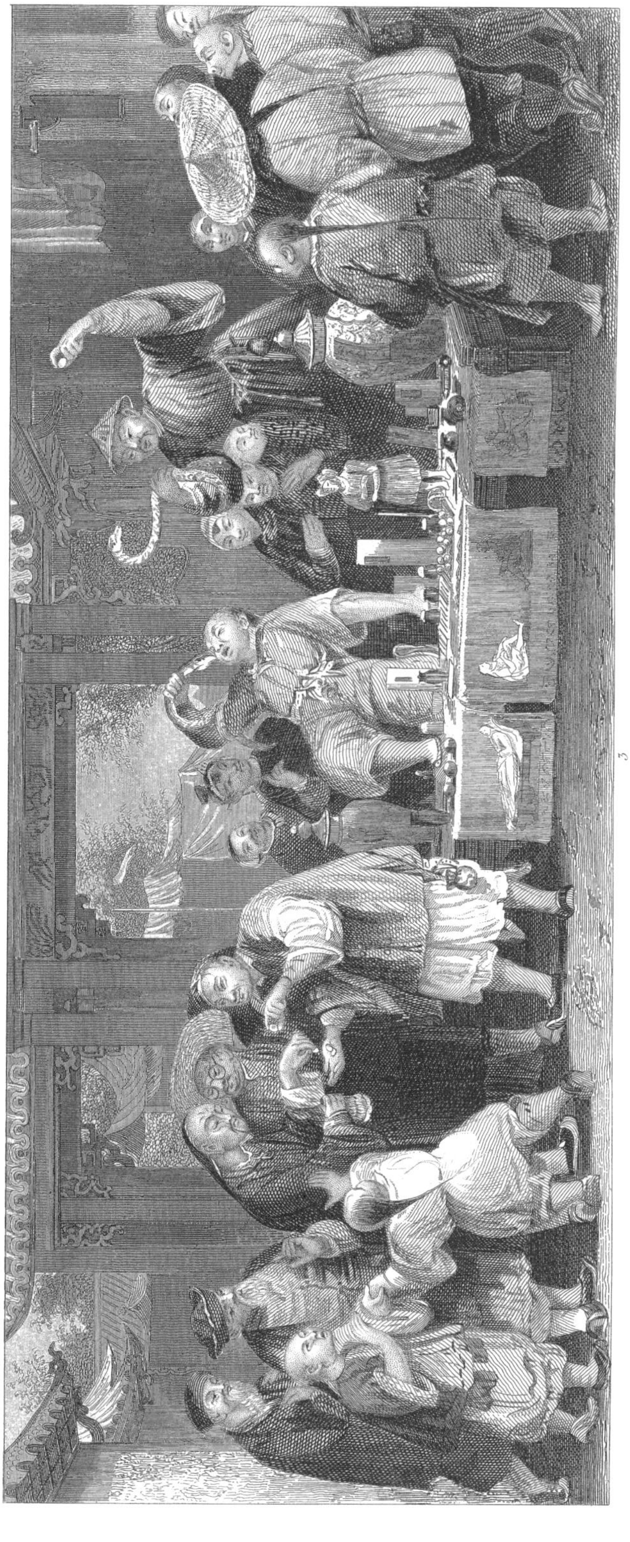

3

19世紀南美洲的服裝和風俗

Clothing and Dressing Customs of South America, 19th century

2. 拉普埃夫拉的居民 *Inhabitants of La Puebla*
9-10. 玻利維亞的服裝 *Costumes of Bolivia*
11. 波哥大（哥倫比亞首都）的女孩 *Girl of Bogota*
5，6. 瓜地馬拉的服裝 *Costumes of Guatemala*
12. 利馬（祕魯首都）的女孩 *Girl of Lima*
13. 基多（厄瓜多首都）地區的印第安女子 *Squaw of the district of Quito*

[Ethnology; 30]

14. 安第斯山脈的騾夫 *Muleteers of the Cordilleras*
15. 康塞普西翁（智利中南部）的服裝 *Costumes of La Conception*
7. 富有的穆拉托（白人和黑人混血）婦女 *Rich mulatto woman*

19世紀南美洲的服裝和風俗

Clothing and Dressing Customs of South America, 19th century

18 15 8 3 1 17 4

18. 布宜諾斯艾利斯（阿根廷首都）的牛仔 *Gaucho of Buenos Ayres*
15. 康塞普西翁（智利中南部）的服裝 *Costumes of La Conception*
8. 巴西的麥士蒂索人（白人和印第安人的混血） *Brazilian mestizo*
3. 拉普埃夫拉的居民 *Inhabitants of La Puebla*
1. 墨西哥人 *Mexican*
17. 智利的服裝 *Costumes of Chili*
4. 哈拉帕（墨西哥東南部）女子 *Woman of Jalapa*

[Ethnology; 30]

6　　7　　5

6-7. 巴拉圭的文明印第安人 *Civilized Paraguay Indians*
5. 聖保羅（巴西東南部）人民 *Inhabitants of San Paulo*

[Ethnology; 32]

19世紀北美洲和南美洲的服裝和風俗

Clothing and Dressing Customs of North and South America, 19th century

6. 巴西農園主一家步行前去望彌撒 *Brazilian planter's family walking to mass*
4, 5. 巴西的遊戲和娛樂 *Brazilian sports*
[Ethnology; 33]

下一頁
6-7. 北非印第安人的生活 *Sports of Indian tribes*
[Ethnology; 29]
7. 巴塔哥尼亞（橫跨阿根廷和智利的地區）的帳篷生活 *Patagonian camp*
[Ethnology; 33]

19世紀南美洲的服裝和風俗

Clothing and Dressing Customs of South America, 19th century

3. 巴西農園主一家乘坐馬車前去望彌撒 *Brazilian planter's family driving to mass*
4. 巴西大河地區的市民出行 *Townsmen from the Brazilian Rio Grande travelling*

下一頁
1. 巴西大河地區的農場主出行 *Travelling farmer from the Rio Grande in Brazil*
2. 巴西東南部米納斯吉拉斯省的旅行者 *Traveller from the province of Minas*

5. 巴西商隊 *Caravan of Brazilian merchants*
6. 護送鑽石的商隊 *Convoy of diamonds*

[Ethnology; 31]

19世紀大洋洲的服裝和風俗

Clothing and Dressing Customs of Oceania, 19th century

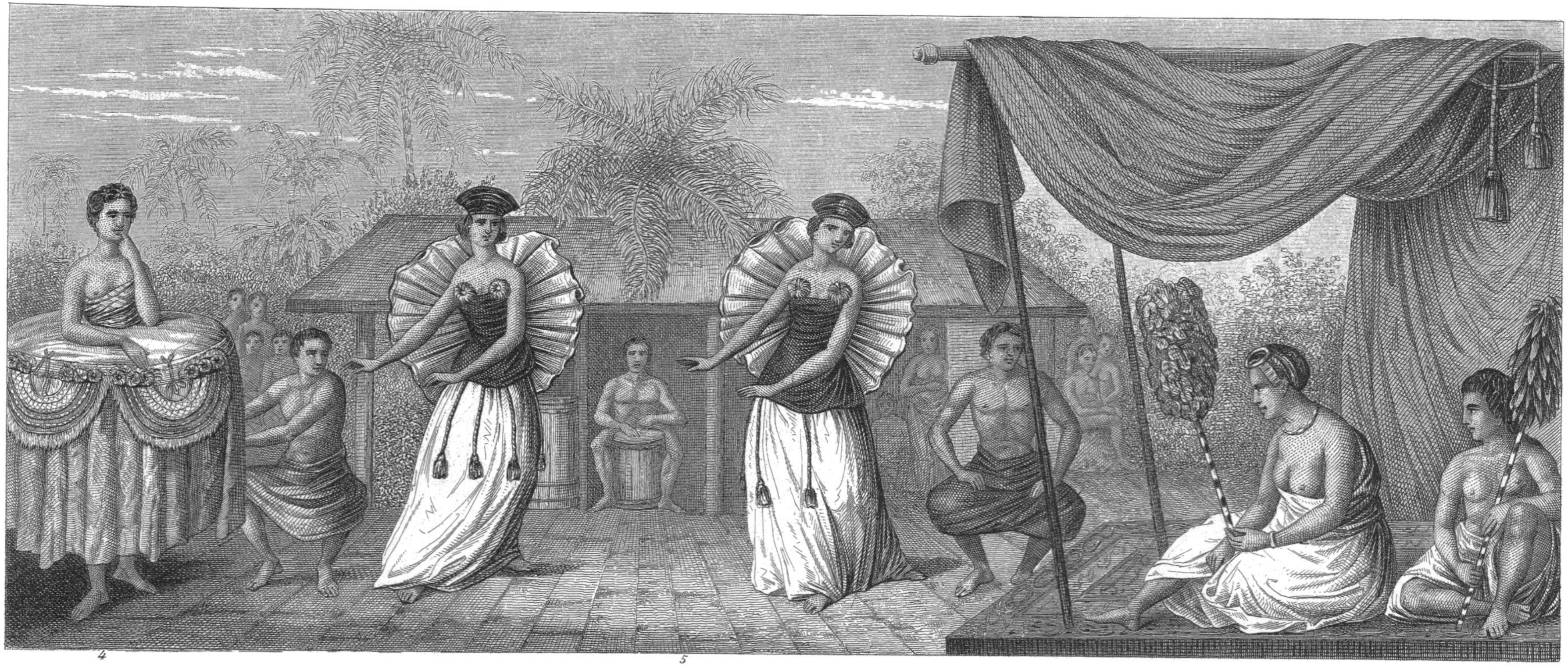

4 5

4. 大溪地女孩（法屬玻里尼西亞） *Tahitian girl, carrying presents*
5. 大溪地舞蹈 *Dance of the Tahitians*

[Ethnology; 38]

下一頁

2. 三明治群島（玻里尼西亞夏威夷群島舊稱）酋長的葬禮 *Funeral of a chief (Sandwich Islands)*
6. 加羅林群島（密克羅尼西亞）原住民的舞蹈 *Dance of the aborigines of the Caroline Islands*

[Ethnology; 38]

1. 東加群島（玻里尼西亞）的酋長 *Chief from the Tonga islands*
2. 東加女子格鬥 *Combat of Tonga women*

3-5. 東加女孩們的活動 *Girls sports on the Tonga islands*

[Ethnology; 39]

古羅馬婦女的髮飾 *Female headgear in Rome*
[History; 12]

謝詞

大約40年前，我在神保町的舊書店找到了本書。這是一個粗製的復刻品，之後我得到了更為完整且保存狀態更好的版本。然而，我始終盼望能親眼見到原版。數年前，我請神保町的一家叫一誠堂的書店幫忙，終於成功取得了原始版本；這個版本的圖片質量遠遠超越了復刻版。

從那時開始本書的出版規劃也正式展開。非常感謝IBC出版公司的各位，從一開始就提供了寶貴的建議，並答應出版本書。此外，還要感謝James Vardaman先生提供了出色的英文書名；最重要的是，我所信任的設計師清水肇先生不僅負責本書的封面設計，還為本書排版。還要感謝眾多人士的協助，才能讓本書送達讀者們的手中。

在此，我要表達由衷的感謝，謝謝你們。

編輯者　大津樹

編者簡介

大津樹

從事美術、歷史、文化人類學等書籍企劃編輯的過程中，被歐美的博物畫、風俗畫所吸引，致力於相關研究及介紹推廣。本書的相關書籍有《美術史のエッセンス》、《植物画・動物画のコレクション》、《明治・日本人の住まいと暮らし》（皆為紫紅社出版）。
其他企劃編輯書籍還有《建築と都市の美学・イタリア》（陣內秀信監修，建築資料研究社出版）、《京都美學考：從建築探索京都生活細節之美》（吉岡幸雄著、喜多章攝影，遠足文化出版）。

構成・版面　大槻武志［京都・阿吽社中］
裝幀・設計　清水　肇［prigraphics］

民族服飾風俗史

中古歐洲與近代世界版畫全覽

出　　版／楓書坊文化出版社
地　　址／新北市板橋區信義路163巷3號10樓
郵 政 劃 撥／19907596　楓書坊文化出版社
網　　址／www.maplebook.com.tw
電　　話／02-2957-6096
傳　　真／02-2957-6435
作　　者／大津樹
翻　　譯／陳良才
責 任 編 輯／陳鴻銘
校　　對／邱凱蓉
港 澳 經 銷／泛華發行代理有限公司
定　　價／380元
初 版 日 期／2024年2月

國家圖書館出版品預行編目資料

民族服飾風俗史：中古歐洲與近代世界版畫全覽 / 大津樹作；陳良才譯. -- 初版. -- 新北市：楓書坊文化出版社, 2024.02　面；公分

ISBN 978-986-377-940-7（平裝）

1. 服飾習俗　2. 民族文化　3. 歷史　4. 版畫

538.1　　112021669

希臘雕刻家菲迪亞斯在雅典帕德嫩神廟內的
雅典娜女神雕像

Phidias's statue of Pallas in the Parthenon in Athens

[Fine Arts; 4]